株式後悔

後悔せずに株式公開する方法

〈チームＩＰＯ〉

杉山　　央（弁護士）
茂田井純一（公認会計士）
澤井　泰良（キャピタリスト）
青嶋　康雄（ＩＰＯコンサルタント）

HS

プロローグ

共同執筆者である我々チームＩＰＯは、２００７年４月にＩＰＯ（Initial Public Offering：株式公開）に携わる者同士で、交流を深めようということで毎月の飲み会から始まり、そのうち「弁護士、会計士、取引所、証券会社、ＶＣなどの人間が毎月顔をあわせているのに、このメンバーで飲み会だけというのはもったいないので、勉強会を定期的に開催してはどうか？」ということで盛り上がっていった、ＩＰＯの異業種交流会メンバーです。

その勉強会ですが、毎月各業種の人間がそれぞれ講師を持ち回りで担当し、それぞれの立場・視点からＩＰＯに関連するテーマを講演しております。これにより我々は以下のことを身につけることができました。

・各分野の専門家による最新の実務知識

・その時々のタイムリーな話題について、各業種の立場から議論することにより、問題点やあ

るべき姿を認識すること
・各業種の立場が理解できるようになり、各人がＩＰＯサポートにあたって悩んでいること
・それぞれの業種のワークが異業種に与える影響や迷惑があり得るということ

勉強会から得たものは他にもたくさんありますが、**素晴らしいメンバーと出会いそして集まり、ＩＰＯを目指す企業にとって、最高のサポーターとなるために、志をひとつにできたこと**です。

そんな中、旧知である出版社のエイチエス株式会社斎藤隆幸社長から、「そういう会ならば、ぜひＩＰＯをそれぞれの立場から読み解いた本を出版してはどうか？」というありがたいお話をいただきました。タイトルとしては「株式後悔」というややネガティブな表現となっておりますが、

「なるほど、こういうことをしていてはＩＰＯは難しいのか！」

という逆転の発想で本書を著し、これにより多くの企業が無事にＩＰＯすることができるようにと願い、一冊の本とすることに致しました。

今回の出版にあたっては、勉強会のメンバーで書き下ろしました。しかしながら、それぞれの書いた部分について、上場審査における所属先の見解とみなされたり、「これさえクリアすればいいんだ」という誤解が生じてしまうと、それぞれの立場を失うことになりますので、殆んどのメンバーが所属先や実名を出せないことをお許しください。今回の設例は、特定の事例を元にしているものではなく、

解説させていただきたい内容・問題点から創作させていただきました。また本文中の「領空侵犯」では、ひとつの設例に、立場の違うプレイヤーが横断的に意見を述べることで、事象の問題点をより鮮明にさせています。

本書における各プレイヤーの「名前は晒せないが、是非ともＩＰＯにもっと光を差されるようにしたい！」というこの思いを受け止めていただけると、一同大変光栄に存じます。

一般的に会社とは、事業を行いたい人々が効率的な事業運営を行うために取得する法人格で、株式会社は広く多数の人々から出資を募り易くするために考えられた法人形態です。しかし、株式会社であるというだけでは、出資する側からは価値が無くなってしまうかもしれない株式に出資するリスクテイカーはごくわずかでしょうし、会社側としても資金調達機会が少なくなってしまっては伸びる会社も伸びません。そこで誰でも株式の売買を自由に行えるために出来たのが証券取引所であり、その売買を仲介しているのが証券会社です。会社は自社の株式の流動性を高め、資金調達しやすいように証券取引所に上場したいと考えますが、だからといってどのような会社でも上場させていたのでは、倒産などによって被害を蒙る投資家が後を絶たなくなります。

このような背景から、証券取引所や証券会社では価値が無くなってしまうかもしれない危険な株式を、証券取引所での売買の対象と出来ないことはお分かりいただけると思います。従って、株式が証券取引所での売買の対象となる、すなわち上場企業となるには、収益性は大丈夫か？　などをはじめとして様々な審査が必要となってくるのです。

昨今、ＩＰＯマーケットは大不況下にあります。株式マーケットの低迷や不況による業績の低迷、ＩＰＯに要するコストの増加など、ＩＰＯを取り巻く環境は厳しくなっておりますが、投資家に対しては優良な投資対象の提供、会社に対しては直接金融による資金調達手段の提供を行い、株式市場の活性化のためにも、本書を通じて少しでも多くの会社のＩＰＯが実現され、ひいては低迷する日本経済に一石を投じることができれば我々としては「してやったり」です。

少々長いプロローグとなってしまいましたが、これから始まる各プレイヤーの〝アトラクション〟をぜひお楽しみください。

著者を代表して
杉山　央（弁護士）
茂田井　純一（公認会計士）
澤井　泰良（キャピタリスト）
青嶋　康雄（ＩＰＯコンサルタント）

では本編に入る前に、まずＩＰＯに登場するプレイヤーから見ていきましょう。

主幹事証券会社

IPO を行う上でのキーパーソン。将来の上場会社を開拓する営業部隊、上場会社としてふさわしい会社になるための指導を行う公開引受部隊、上場会社としてふさわしいかを審査する審査部隊などがある。会社の方向性、株価、上場のタイミングなどの決定に大きく関与することとなる。主幹事証券会社の推薦がなければ、そもそも上場申請を行えないため、絶対に敵に回してはいけない相手。

監査法人・公認会計士

会社の財務諸表が正しく作成されているかをチェックする。法制度上、少なくとも上場の２事業年度前からチェックしてもらう必要がある。監査法人の姿勢如何で、会社の会計処理に影響を及ぼすこともある。どの監査法人か、どんな人が担当してくれるかは、かなり重要。なお証券会社側に立って審査の手続きをする場合もあります。

弁護士

IPO に際して求められる法的な助言をしてくれる。弁護士の助言の内容、報酬、人柄などは、ピンキリ！　単に、訴訟面からの立場でなく、将来の火種を包括的に取り除いてくれるような包容力のある方を選びたいもの。

IPO コンサルタント

上場するための体制整備の構築から、主幹事証券会社や取引所審査に対する対応まで、上場に関するあらゆるサポートをしてくれる。多くは証券会社の公開引受部門経験者や監査法人から独立した会計士。こちらもどのような人に当たるかによって、その後の命運が変わることになりかねません。

VC（ベンチャーキャピタル）

事業で不足する資金を出してくれる。ただ、必ずしも必要な時に、必要なだけ、資金を出してくれるとは限らない。慈善事業でなく、ビジネスとして資金を出してくれていることを忘れずに。

証券取引所

上場審査を行い、上場会社として最終的に承認する存在。その後は、上場している限り、適切な開示をしているか、一生チェックする。日本の主要な証券取引所は、株式会社化されているが、意外に官僚的な一面も。

IPOをめぐる登場人物

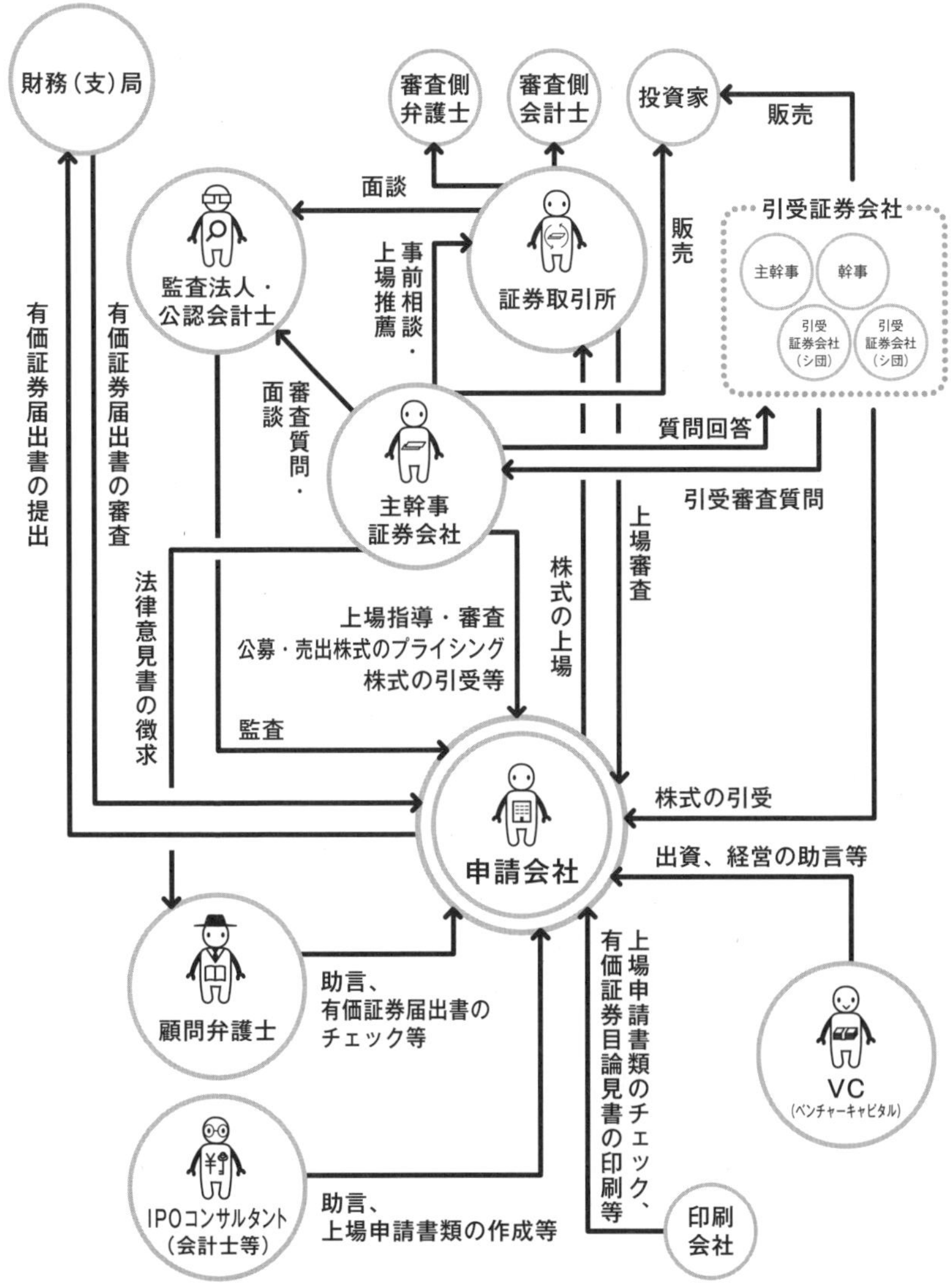

上場までのスケジュール感

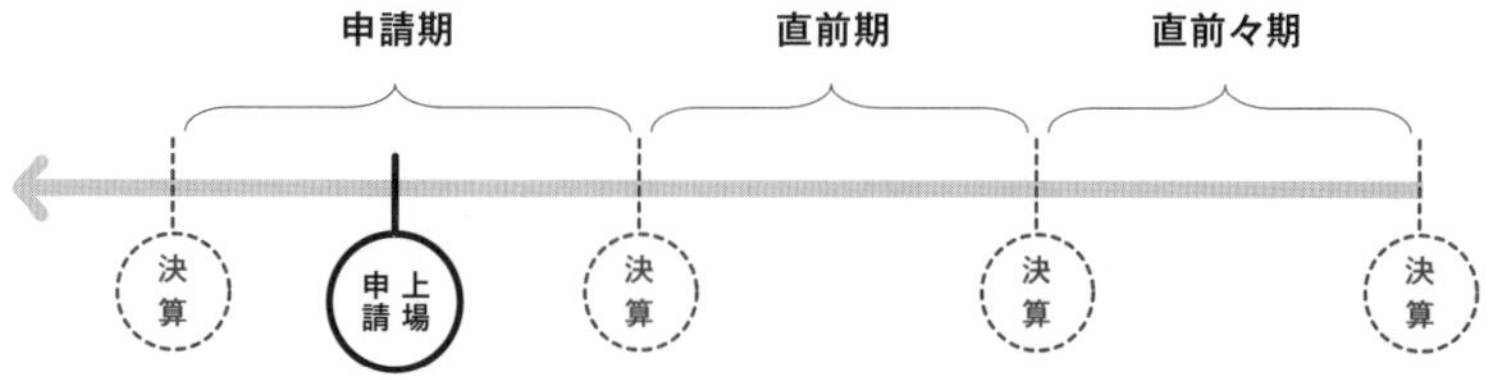

次に、上場までのスケジュール感を見てみましょう。

ＩＰＯの場合、有価証券届出書には過去5期間の財務諸表（貸借対照表や損益計算書等）が掲載されるため、過去5期間について審査がなされることになります。なかでも特に重要なのが、直前期、直前々期と言われる直近2期間です。この2期間の財務諸表に関しては投資家に配布される有価証券届出書においても開示されることになりますし、何より監査法人の監査証明（適正意見）が必要とされているからです。直前々期の監査証明を出すためには、その期首にはすでに在庫や債権をはじめとした貸借対照表の監査をしていなければなりませんから、遅くとも直前々期の期首には、監査法人と監査契約を交わしている必要があります。

直前々期以降の期について具体的に見ていくと、次のようになります。

直前々期……監査法人によるショートレビュー（上場のために必要な改善事項の調査）や、主幹事証券会社の公開引受部門のコンサルティングを踏まえて、上場会社となるにふさわしい管理体制の整備を図る期間。

主幹事証券会社とのコンサルティング契約の時期は、直前々期までには締結している必要があり、監査法人との監査契約の前後どちらになるかは会社によってケースバイケースです。経験豊富な上場コンサルタントが会社内部にいると、証券会社や監査法人との折衝役としてもかなり助けられることに。

直前期……直前々期で構築した管理体制の運用期間。

原則としては、直前々期までに問題点をすべて改善し、上場会社にふさわしい管理体制を構築することとされており、直前期の1年間はその運用状況を確認する期間として位置づけられています。またⅠの部、Ⅱの部といった上場申請書類の作成が行なわれます。出資を受けているＶＣからの叱咤激励（プレッシャー）も最高潮に。

申請期……上場申請を行なう期間。

通常は定時株主総会で直前期の決算を承認した後に上場申請を行ないますが、それ以前にも予備申請という形で定時株主総会の前に申請し、上場時期を早めることも可能です。また反対に、上場申請の時期が遅い、あるいは申請後に問題点が発覚し、審査期間が長期化するなどした場合には、上場時期が申請期の決算期末を越える場合もあります（いわゆる期越《きごえ》上場）。申請期の利益計画が減収や減益になっていたり、足元の月次実績の進捗状況が芳しくないと、かなり厳しい審査となることに。

主幹事証券会社の引受審査のタイミングとしては、市場や証券会社によっても異なりますが、概ね上場申請の３ヶ月〜６ヶ月前から入ることになります。また取引所の審査期間に関しても、市場によって異なりますが、概ね２ヶ月〜６ヶ月程度かと思われます。

プロローグ

3 証券会社のキモチ ―― 87

4 会計士のキモチ

序章　ＩＰＯへの誘い

IPOへの誘い

証券会社
法人営業担当者

この前実家に帰省したら、おじいちゃんに、お前はどんな仕事をしてるんだって、散々聞かれてね。

取引所
審査担当者

へぇ～、で、なんて答えたの？

証券会社
法人営業担当者

会社をＩＰＯさせるお手伝いをしていると。でも、どうもピンときていないんだよね。そもそも「ＩＰＯ」ってことの意味が通じない。面倒くさいから、会社を良くするお手伝いをしているとか言ってごまかすけど、怪しい仕事をして、路頭に迷うことがないか、心配しているようなんだよね。

取引所審査担当者

確かに。じいちゃんにＩＰＯって、どんな仕事をするかを説明するって、大変だわ。でも、ＩＰＯビジネスは、本当にやりがいのある業務なのだ。この仕事を30年やってきてしみじみと感じるよ。

学生時代のときの就職活動を通じて、証券市場の何たるかを多少は悟ったつもりだが、全くその存在すら知らなかったＩＰＯ。「Initial Public Offering」の頭文字である。アイ・ピー・オーと発音するが、たまにイポと呼ばれて、ガクッとくる。

ＩＰＯ……要は、会社が、株式を公開することだ。近所の八百屋、魚屋、タバコ屋を含め、世の中には多くの株式会社が存在するが、誰もが気軽にそうした会社の株主になれるわけではない。取引所に上場し、株式を公開することで、誰もが株主になれる。企業は、幅広い先から、資金を調達できる。こうして、資本主義経済が発展する。ん、ン、ん、ン？　ちょっと、公民っぽくなってしまった。もうちょっと具体的に考えてみよう。ＩＰＯって何なの？

ＩＰＯには夢がある。

裸一貫でビジネスを立ち上げて、ガムシャラに走ってきた経営者の、「一つのゴール」とも言える。寝る間を惜しんで働いてきた役員・社員にとって、努力が報われる瞬間にもなる。また「地元の有名企業」である老舗企業が、ＩＰＯを果たすことで全国区に躍り出る、そんなＩＰＯもあるだろう。役員・社員でなくとも、その会社がＩＰＯできるよう頑張る関係者は、内外に大勢いる。彼らにとっても、付き合いのある会社がＩＰＯを達成し、さらなる成長をしてくれるのであれば、当然うれしいことである。皆で一つの目標に向かって突き進み、それが達成できた瞬間、人間誰しもそういう瞬間を夢見るものだろう。

ＩＰＯには社会的意義がある。

先の記述と矛盾するようだが、ＩＰＯはゴールのようでゴールではない。あくまでも、さらなる成長の出発点に過ぎないのだ。今の日本、右を見ても左を見ても、ネガティブな話ばかり。年金問題、派遣労働者問題、学生の就職難、少子高齢化問題、多数の自殺者、格差社会、政官の危機意識のなさ。日本は、このままジリ貧になってしまって良いのだろうか？　appleやgoogleのように世界を相手に渡り合える企業は、日本にはないのだろうか？　中国やインドのように、急激な成長によって世界での存在感を示せることはないだろうか？

我々は、その処方箋の一つがＩＰＯだと堅く信じている。次代を担う技術、斬新なビジネスモデル、失敗をおそれずチャレンジする若手起業家。こういった「今までにない何か、誰か」を登場させることのできる仕組みがＩＰＯなのだ。ＩＰＯを推進していくことで、きっと日本経済に明るい材料を提供できるはずである。

そしてＩＰＯにはお金の匂いもつきまとっている。

ＩＰＯにより、企業経営者は、億万長者になることも夢ではない。従業員は、ストックオプションでローンの返済くらいはできるかもしれない。ＩＰＯを目指す会社は、通常、業績が右肩上がりだから、証券会社、監査法人、弁護士、その他のコンサルタントにとっても、金払いのよい得意先に見えるだろう。

投資家の皆さんは？　そう、時としてＩＰＯ銘柄を購入すれば、一晩にして、株価が２倍になることも。一般的に、ＩＰＯ銘柄は、とてもおいしい投資物件ともいえる。だから、昔から未公開詐欺事件は絶えることがない。

証券会社にとっても、おいしい商売だ。主幹事証券会社は、ＩＰＯに際して会社が投資家向けに販売する株式の手数料を手に入れることができる。じつは、この手数料、証券会社や上場する市場によって、微妙に違うが、約７％と、少なくともこの20年以上は、安定している。ネット証券が跋扈し、手数料の引き下げ競争が激化する中、ＩＰＯの手数料は、門外漢だ。まるで、カルテルでも結んでいるのではないかと疑いたくなる。話はそれるが、実は、以前、ある証券会社がこの不文律を破ろうとした。結果は、失敗だったけど。

主幹事証券会社でない証券会社にとっても、ぜひ、ＩＰＯ銘柄は、取り扱いたい案件だ。誰もが平等に購入できる普通の株式と違い、ＩＰＯ銘柄を購入することができるのは、一部の証券会社に限られる。すると、株価が一晩で何倍にもなると夢見た投資家は、ＩＰＯ銘柄を取り扱っている証券会社で、ぜひ、口座を開きたいと思う。証券会社にとっては、ＩＰＯ銘柄は、パンダ並みの客引き力があるのだ。さらに、おいしいことに、IPO銘柄は、比較的、短期間で売買されやすい。IPO銘柄で妙味を味わって、今まで眠っていた口座が大回転することもある。証券会社にとっては、本当にありがたい存在だ。そうやって、IPOに関わる人たちの中には、「オカネ」の部分に魅力を感じる人たちもいる。残念ながらそれも事実だ。

ただ、そういう点もひっくるめ、「IPOは魅力的」なんだろう。そうでなければ、悪い輩も近寄っては来ない。肝心なのは、悪い輩や様々なリスクが存在するのを認識したうえで、これをキッチリ回避し、IPOが本来持っている社会的意義やパワーを活かせるようにすること。少なくともチームIPOのメンバーは、それを実践している自負がある。

ただ世の中キレイ事ばかりとも限らない。実際のドロドロした現場に出くわすこともあるし、自分の利益のみを目指す輩とやり合うこともある。でも、誰も、そんな現場の本音を語ってくれない。ならば我々が……。

我々の悲喜こもごも、それぞれの言い分を、ぜひご賞味ください。

1

株式後悔物語

あんなに頑張ったのに……

証券会社 法人営業担当者

そういえば、あなたに審査してもらって7年前に上場したA社、時価総額基準に抵触し、このままだと来月上場廃止になるって知っていましたか?

取引所 審査担当者

えっ!? 本当ですか!?

証券会社 法人営業担当者

上場後数年はよかったんだけど、その後、製品の不具合でリコールしたのをきっかけに、すっかり企業イメージが悪くなって、売上が急減してるんですよ。

取引所審査担当者

……。

証券取引所に上場したからといって、未来永劫ずっと上場企業でいられるというわけではありません。上場企業にふさわしくなくなってしまった場合、取引所から退場を求められることになります。その上場廃止基準の一つに、時価総額基準というものがあります。ある期間の時価総額が一定額を下回り、数ヶ月の猶予期間内にその一定額を上回らないと、上場廃止となってしまうというものです。この一定額というのは新規上場するときの形式基準として求められている時価総額を大きく下回る額であり、上場後に業績不振などで時価総額があまりにも小さくなってしまった企業は、広く一般の投資家による投資対象としてはふさわしくない、というのがその理由です。

もちろん新規上場時において事業の継続性や、新興市場の場合には成長性についても厳しい審査をしているわけですが、上場してから数年も経つと、なんらかの問題が発生し、業績が傾いてしまうこともあります。たとえば、特定の商品の売上比率が高い場合におけるリコールやブームの一過性、販売比率の高いお得意様との取引の打ち切り、凄腕営業マンが顧客を引き連れての退社・独立、鳥インフルエンザや口蹄疫などの特定業界にダメージを与える疫病の流行、強力なライバルの出現、新規事業の失敗……。

証券会社の審査担当者は、上場するために会社の皆さんが多くの努力をしてきたことを知っているため、あんなに頑張って上場したのに上場廃止になってしまうのか、と残念な気持ちでいっぱいになってしまいますし、あの時のあの審査で問題はなかったんだろうかと省みたりもします。でも、上場廃止になったといってもまた業績を立て直し、再度上場するということは珍しいことではありませんから、また一緒に一から頑張りましょう、と応援したい気持ちはあります。なんといっても上場までの長い期間、苦楽を伴にしたのですから。

ただ、業績不振の理由が無計画な新規事業の失敗や法令違反など、ずさんな経営によるものである場合には、怒りすら覚えてきますが。

領空侵犯御免

【ＩＰＯコンサルタントのキモチ】

業績だけでなく、積極的にＩＲ[※1]（インベスターリレーションズ）をして世にアピールをしていくことも必要ですよね。日本における上場企業社数は、３０００社以上ありますから、これだけ会社があると、自分から投資家へ売り込みをしなければ、売買検討の対象にもしてもらえないこともあります。スーパーでも片隅にひっそりおかれた商品より、棚の真ん中に陳列された商品の方が動きが良いですよね？　あれと同じです。

ＢｔｏＣ[※2]の企業であれば商品が直接消費者向けであるため、まだわかりやすいですが、ＢｔｏＢであったり一部の業界向けのサービス業であったりすると、まずは会社のことを知ってもらい、理解してもらわないと始まりません。いくら業績を上げても売買の対象にしてもらわない限り、株価は上昇しないのです。

そのために必要なのがＩＲ。証券会社の担当者や独立系のＩＲ会社の担当者など、ＩＲに詳しい人を味方につけて、地道に努力していくことが必要です。最近は、日本に限らず世界の投資家に向けてアピールしていくことも必要ですね。

※1　インベスターリレーションズ：企業が投資家に向けて経営状態や財務状況、業績動向に関する情報を発信する活動。
※2　ＢｔｏＣ：企業間と消費者との取引（Business to Consumer）、ＢｔｏＢ：企業間取引（Business to Business）。

領空侵犯御免

【弁護士のキモチ】

業績不振の理由がずさんな経営にある場合に怒りを覚えるのは、証券会社さんだけではありませんよ～。株式公開にあたっては、この本の章立てからもお分かりのことと思いますが、証券会社の他、取引所、監査法人、ＶＣ、我々弁護士など様々なプレイヤーが汗水垂らして、会社を、そして業界や市場などを盛り立てようとしているんです。ずさんな経営はこれらのプレイヤーの気持ちをも踏みにじり、各プレイヤーなど周囲を敵に回すようなものです。株式公開の道を選んだ以上は、一つ一つの行動にきちんと説明がつくように、責任をもって歩んでいただきたいものです。

1 〔株式後悔物語〕 あんなに頑張ったのに……

退場した方がいいと思うときも

**証券会社
審査担当者**

今朝の新聞に、私が数年前に担当して上場したB社が、海外の投資事業組合向けに第三者割当増資するという記事が出ていましたが、この海外のファンドについて何か知ってます?

**証券会社
法人営業担当者**

いえ、全く知りません。この会社は1、2年前にどこかの会社が大株主となって以来、経営陣も殆どIPO時から変わっており、知っている人はいなくなってしまいました。事業内容も当時とは変わり、今は何をやっているのか、よくわからないくらいですから。

証券会社審査担当者

……。

証券市場には「ハコ企業」という言葉があります。昔は何らかの事業を行なっていたのですが、業績不振に陥り、第三者からの出資を受け入れて体制を立て直してはみたものの、経営陣は出資者の意向を踏まえた人たちに入れ替わり、事業内容もよくわからなくなってしまって、いわば会社としての看板だけが残っている企業のことを言います。それらの事業内容の多くは未上場企業や、業績不振の上場企業への投資業ではないかとすら思えてしまうのですが、もっぱら証券市場での資金調達のみに使われることが多いため、実体のない単なる箱、という意味で「ハコ企業」と呼ばれるようになったようです。

自分の担当した会社が、このような「ハコ企業」になってしまうと、上場廃止以上に残念というより悲しい気持ちになります。当時の経営者だけでなく、従業員の方も一体どうなっているのでしょうか。

業績不振で資金繰りに困窮しているところに目をつけられ、第三者からの出資を受け入れたところから会社の歯車が変わってきて、彼らのための利益獲得手段、資金獲得手段としてのハコ企業になってしまったのでしょう。第三者の多くは、仕手筋などの反市場勢力や、暴力団などの反社会的勢力と通じている者である可能性が高いのではないかと証券市場では思われています。もちろんたとえそうだったとしても、出資を受ける段階ではそのような事実を知って受け入れているかどうかはわかりませんが、結果的には当該出資者の利益獲得のためのハコ企業となってしまっていることには変わりはありません。

領空侵犯御免

【会計士のキモチ】

こういった企業、意外とそれなりの数が存在しています。ハコ企業であっても上場している限り、決算を適切に作成して監査を受け、適時開示していくことが必要です。

ところがこのハコ企業、いわく付きだけあって監査法人泣かせなんです。なんといっても、資金の流れが複雑すぎて分からない。頻繁に億単位のお金がグループ企業を行ったり来たりして、結局何が起こったのかを理解すること自体が難しいのです。そのうえ、経理担当役員も知らない隠し口座が存在していたりするものですから、たちが悪い。監査法人には警察や検察のように捜査権はありませんので、会社の方に「口座はこれで全部です」といわれてしまうとそれ以上は手も足も出せません。一応「我々は全ての書類を提出して隠し事はしていません」なんていう一筆を取りはしますが、そんなもの初めから不正をしようと思っている人には何の抑止力にもなりません。そのくせ不正会計疑惑が生じると「監査法人は何をやっていたんだ！」という安っぽい正義感を振りかざした無責任記事が出回るものですから、普通の会計士なら二の足を踏むのも当然です。

ただ、中にはそういうリスクを積極的に取る監査法人もあります。リスクも高いが報酬も高い。結局、そういった「駆け込み寺」的な監査法人ができあがってくることになります。こういう監査法人、業界では有名で、「あの会社も落ちるところまで落ちたね」って言われてしまうことになります。

元々はみんなで一生懸命上場したのに、そういう結末を迎えてしまうのは、関係者全てが残念に感じるものです。

努力と株価

― 上場を果たした会社の社長との会話 ―

証券会社 法人営業担当者
久しぶりですね、社長。新興市場へ上場し1年経過しましたが、何か変わりましたか?

社 長
いやいや、おかげ様で会社の信用度が上がり、取引先との関係は良好だよ。ただ、株価だけはどうにもならなくて。

証券会社 法人営業担当者
そうですね、新興市場全体が落ち込んでおりますから御社の業績が予定通り順調といっても反映されてないのかもしれないですね。

社長

そうなんだよ。ＩＲを充実させたいのだがおたくでアレンジできるんですか？

証券会社法人営業担当者

えっ、社長のトコは○×証券さんが主幹事で上場を果たされたはずですが、上場後のフォローアップはされてないのですか？

社長

実は上場後、やれ株だ投信だと運用のことばかりで、株価が落ち込んでいても「マーケットが悪いから」と言うばかりで……。株価対策で何かアレンジできないですか？

証券会社法人営業担当者

リテール（個人投資家）向け説明会はできますが、ＣＦＯの△△さんはその対策を考えたりするのも得意だと。上場前からＩＲ活動についての知識は豊富にお持ちでしたから。

社長

実は△△は今月で辞めるんですよ。既に休みに入ってますよ。

証券会社法人営業担当者

えっ！　では、△△さんの後任の方は××さんあたりで？

社長

いやぁ××も体調崩したとかで。正直困っているんだよ。おたく、うちの会社に入る気ない？

証券会社法人営業担当者

いえ、私はＩＰＯの仕事が好きなので。ＩＲの件は何かアイデアができましたらお知らせします。ではまたお会いしましょう。

上場会社の業績状況については人づてに聞こえてくるものです。引受証券会社の担当者などは社長の性格が上場後ガラリと変わった噂（新規事業を行おうとしているとか、私生活の行状）を聞くとすぐ訪問します。設例のような社長の場合は、「株価低迷はマーケット環境のせい」というばかりで、いつかは回復するのだろうと努力もせず、社員とのコミュニケーションもうまくとっていないということが想定されます。ＣＦＯの△△さんはそんな社長に見切りをつけて辞めたと思われます。社員などに付与されたストックオプションも行使できるかどうかわからないし、そもそも社長やこの会社の未来はないと判断され、従業員から三行半を突き付けられてしまうでしょう。ＩＰＯがゴールと思われている社長（上場前はそう考えてなくても、上場後資金を手に入れると勘違いしてしまう）は気をつけたほうがよいですね。ＩＰＯは新たなステージでのスタートに過ぎません。こんな状況が続くようであれば、非常に残念なことですが、このような会社は満足な成長を遂げることもなく、市場から退出することになるかもしれません。

領空侵犯御免

【会計士のキモチ】

ＩＰＯがゴール、このような会社は多いです。我々会計監査に携わる者は、ＩＰＯの前と後も変わらず監査でお邪魔することとなりますが、ＩＰＯの前だと会社は、主幹事証券会社やＶＣなどから役員で派遣されている方々から、社内体制や規程関係の整備などで指導を受けながら比較的真摯に取り組む傾向が見られます。しかし、「喉元過ぎれば」なんとやらの諺通り、ＩＰＯ後は世の中の法律・基準が変わっても、必死で作った規程は埃を被ったまま、アップデートされていないというような困った会社が多いのも事実です。

この社長には、ＩＰＯをしたことによって、既に外部株主という多数のステークホルダーを作っており、くれぐれも多くの方々に迷惑をかけないよう、実はＩＰＯ後の方が大事であることを理解してもらいたいと思います。

【VCのキモチ】

VCって基本的に上場するまでのお付き合いです。

出資者に分配しなければならないので、上場後は原則として株をすべて売ることになります(ロックアップ※がかかれば、当然その期間は売却できませんが)。

例外として、VCが株式をファンドでなく本体で所有していたり、VCが金融機関などの子会社で、大口出資者である親会社がビジネスチャンスを狙っている場合、一部又は全部を継続保有することもあるようです。VCが上場後に株式を売却して値が崩れることもありますが、VCを恨まないでください。

※ロックアップ：大株主やVCなどが一定期間株式の売却を行わないとする契約。

column

上場のメリット・デメリット

上場することのメリット・デメリットについて、以下にざっと見てみましょう。

☆デメリット

【上場準備のためにかかる金銭的費用】

上場における課題を発見するための、監査法人による短期調査（ショートレビュー）、2・3日の調査でおおよそ100〜200万円くらい。監査法人による監査報酬、1000万円前後〜監査時間に応じて（有価証券報告書「コーポレート・ガバナンス等の状況」に各社報酬額を記載しているため、同程度の企業規模の監査法人報酬をご参考にされてもよいと思います）。監査法人による財務報告にかかわる内部統制構築コンサルティング費用、規模にもよりますが、ベンチャー企業で500万円くらい。主幹事証券会社による上場コンサルティング費用、年額500万円程度（証券会社によって、直前期と直前々期以前に差を設ける場合があります）。上場申請時に取引所へ支払う審査料金や、その他印刷会社による目論見書等発行費用、信託銀行への株式管理報酬費用などがあります。さらに、財務・経理部に人員を補強した場合、その人数分の人件費、リーガルリスクに関し弁護士への意見書を依頼した場合にはその報酬、Iの部・IIの部作成や財務報告に関わる内部統制の構築に外部コンサルティング会社を雇った場合その費用等々が別途かかってきます。

【上場維持にかかる金銭的費用】

さらに上場後には、取引所への上場維持費、監査法人への監査報酬なども かかってきます。この数年で新たにかかることとなった費用は、上場準備における財務報告にかかわる内部統制構築コンサルティング費用及び上場後の内部統制監査の費用だろうと思います。金額は企業規模及び現状の管理体制によって大きくなる場合もあり、その意味で以前よりもお金がかかります。

また上場準備のコストとしては、金銭的なコストだけではなく、役員と会社との取引の解消を求めたり、上場後には法定開示・適時開示作業が待っていたりと、様々なコストがかかってきます。

この意味で、確かに上場準備及び上場後には、それまでと比べて金銭的にも労力的にも、コストは増加することになります。

前記のように見てみると、上場にはマイナス面ばかりが目立ち、いいことはあまりないように見えてはきませんでしょうか。しかし上場によるメリットは確実にあります。それを以下に見てみましょう。

☆メリット

【資金調達】

上場において最も一般的に知られているメリットです。上場することにより、証券会社を経由して不特定多数の投資家から資金を集めること（公募）ができます。未上場においても公募による増資を行なうことは可能ですが、資金の出し手である投資家は流動性もなく、知名度・信用力ともにない会社にはなかなか出資しようとはしません。証券会社はシンジケート団を組み、各地にある支店を通して個人顧客に販売をしたり、法人部門における法人顧客に販売するため、大量の公募金額を短期間で調達することが可能です。未上場会社は証券会社を頼れないので独力で希望する調達金額まで集めることは容易ではありません。

このように上場することにより、公募増資を行いやすくし、資金調達と自己資本比率のアップによる財務比率の改善を同時に達成することができます。

また、上場すれば公募増資だけでなく、公募による社債発行も容易になり、銀行借入にのみ依存していたそれまでの資金調達方法からの脱却を図ることができます。これにより景気や自己資本比率規制の動向による銀行の融資態度の変化についても、対応を図ることが可能になります。

【信用力】

上場すると対外的な信用力が増し、取引先の信用調査、与信調査においても未上場の場合と比較し、格段に高くなるのが一般的です。このためこれまで取引が不可能であった大手企業との取引も可能となったりするなど、取引先の幅が増えることになります。

また、未上場の場合には大抵の会社で社長が銀行融資に対して債務保証をつけていますが、上場を前提として社長の債務保証は外さなければなりません。このため社長にとっては万が一の場合にも負債額を肩代わりすることが限定されてきます。

従業員にとっては住宅ローンの申し込みについて、上場会社であると受け入れられやすいというメリットがあるかもしれません。

【優秀な人材】

上場することによって知名度・信用力の向上により、優秀な人材を確保することが可能になります。

【社員のモチベーション向上】

上場会社であることに社員が誇りを持つようになり、モチベーションが上がる効果が期待できます。ストックオプションを発行していた場合、金銭的な面からのモチベーションアップも期待できるでしょう。

【情報の流入】

M&A案件の紹介など、様々な情報がそれまで以上に多く入ってくる傾向があるようです。

最近は上場することによるデメリットが多く聞こえてきますが、このように上場することにはメリットも沢山あります。上場準備作業にかかる様々なコストは、会社をよりよくするためのコストでもありますから、会社の今後の大きな発展のためには必要なものだと割り切って考えていただくのがよいと考えています。

※文中の金額数字はあくまでも目安です。

【IPOコンサルタントのキモチ】

最近の成長企業は、一部の優秀な人材のアイディアをもとに、高付加価値ビジネスを展開することで、多くの利益を上げることが多いです。特にネット系、サービス業、Ｒ＆Ｄ企業、バイオベンチャーなど、近年注目される業界にその傾向が強いです。従って、企業の将来性は「いかに優秀な人材を集めるか?」にかかってきていると言っても過言ではありません。

日本人はどうも権威に弱いのか、日本の若者は「上場企業」という看板に惹かれることが多いです。最近は安定志向が強いのか、特にその傾向が出てきている気がします。何より新卒・若手採用の場合、就職先が上場企業だと、その両親が安心します。社会人になる子供の人生選択に、親がしゃしゃり出るのもいかがなことかとは思いますが、それが現実です。親も安心するような企業になる、ＩＰＯ企業の一つの勲章です。

ただ最近では、本当に優秀な人材は、上場企業よりも「自ら起業する」ことを選ぶ人も増えてきているように思います。それはそれで結構。次のＩＰＯ予備軍として、大いに伸びていってもらいたいものですね。

【会計士のキモチ】

上場維持にかかる費用の一部として監査法人への監査報酬がありますが、平成18年6月の金融商品取引法の成立に伴い、上場会社は、それまで中間における半期報告書（連結と個別）と期末における有価証券報告書（連結と個別）の2回の監査を受けることとなっていたのが、平成20年4月1日以後開始する事業年度から、半期報告書の提出が不要になる代わりに四半期報告書の提出を義務付けられ、四半期財務諸表（連結財務諸表作成会社は四半期の個別は不要）については、公認会計士または監査法人のレビュー意見が必要となりました。〝監査〟と〝レビュー〟では若干手続が異なりますが、簡単に言うと年４回監査法人が会社に来て帳簿をひっくり返す、ということになりました。また、有価証券報告書の他に会社が提出する内部統制報告書に対しても、監査証明を提出することとなり、貰う立場から言うのも恐縮ですが、従前と比べて監査報酬は2倍前後に膨れ上がっております。

ここまでしないと上場企業の開示情報の信頼性が確保できない、ということであれば致し方なしですが、この膨大な監査所要日数と監査報酬、もう少し効率化出来ないものかと思っています。さもないとそれぞれの立場から、ＩＰＯ意欲が削がれてしまうように思うのです。

2　取引所のキモチ

審査担当者もサラリーマン

会社　実は、昨日、「お前の会社は上場すべきでない!」と匿名の封書が届きまして。

取引所審査担当者　**ほぉ～、どんな内容なのですか?**

会社　社長が毎晩クラブに行っているとか、美人しか雇わないとか……。

取引所審査担当者　**誰がそんなことをしたのですか？**

会社　おそらく最近、当社を退職した者だと思われるのですが、はっきりとはわかりません。

取引所審査担当者　**もう、審査も佳境に入っていますからねぇ。とりあえず、封書の内容の真偽を調査してください。**

会社　じゃあ、上場スケジュールは延びるんでしょうか？

取引所審査担当者　**どれだけの期間で真偽の調査ができるかによりますね。**

情報があふれかえる現代、内部告発は絶えません。設例のように、いまどき、封書の内部告発は珍しいですが、ネットの書き込みはよくあることです。

上場審査の過程では、必ずネットの書き込みなどを含め、どんな噂がされているのか、チェックします。そして、ネットで暴露された事実が真実なのか、時として確認することになります。とはいえ、これが大変なのです。

あなたの会社では「美人しか雇わないようですね！」と言われ、その質問に正確に答えるには、どんな方法があるでしょうか？　全女性社員の顔写真を示す？　なんてことはあり得ません。そもそも美人かどうかなんて、人の好みの問題でもあります。じゃあ、「毎晩クラブに行っているのですか？」と聞かれたら、社長のスケジュール帳でも見せることになるのでしょうか？　たとえ、シロであれ、クロであれ、第三者に完全に何かを証明するというのは、意外に難しいものです。

上場審査としては、会社の経費で遊びまわっているようなことはあってはならず、疑われるような痕跡がないかを確認することになります。また、会社の経費で接待などを行う場合は、①所定の稟議を経ていること、②接待先や金額が明確になっていること、という2つの要件を満たし、十分なガバナンスが確立されていることを示すことが重要です。そして、社員を採用する場合の採用試験などの明確なプロセスを提示し、意図的な採用可否の判断をおこなっているものではないことを示すことになります。こうした作業を地道に行えば、上場するのにふさわしい会社であることを示せるでしょう。

当然、誰でも、書き込みの内容がすべて正しいとは思いません。でも、具体的に書かれていると、「これは?」と思うものです。「火のないところに煙は……。」そんな思いがよぎるからこそ、取引所の担当者は、会社に調査してもらうのです。時間と労力をかけて。一民間企業として、シロをシロと主張することに、限界を感じながら。

取引所が恐れているものは、「あんな会社を上場させた」と批判されることなのです。だから、そんな批判をされないために、その根拠を握っておきたい。批判されても、審査の過程では十分に留意したと言い張ればよいじゃないか。そう思う方も多いかもしれません。でも、取引所担当者だって、サラリーマン。担当者の上司だって、サラリーマン。俺が責任をとるから、なんて、格好良い言葉をかけられることはありません。みんな、責任はとりたくない。だからこそ……。

しかし、内部告発があったからといって、あまりにも過敏になるようでは、根も葉もない内部告発を助長することにもなりかねない。もし、競合企業が、戦略的に内部告発もどきの行為をしているようであれば、賊軍の片棒を担ぎかねない。

微妙で絶妙なバランスのもとに審査って行われているのです。

領空侵犯御免

【会計士のキモチ】

取引所が恐れているものは、「あんな会社を上場させた」と批判されることです。

ちょっと言葉を置き換えてみますと、監査法人が恐れているものは、「あんな会社に監査報告書を出した」と批判されることです。

株主などのステークホルダーの立場に立つと、「取引所が承認したんだから」「証券会社の審査をパスしたんだから」「監査法人の監査報告書が付いているんだから」という社会インフラのもとで会社を判断しているということになります。

つまり、「あんな会社に」というレピュテーションは、「あんな会社」に関与した我々の評価に遡及することとなり、自分たちの看板を汚してしまいます。

取引所、証券会社の皆様と同様、監査法人も最初の受注窓口は厳格となっており、あらゆる企業情報を入手した上で受注前に予備調査と呼ばれる調査手続を実施し、初めて監査契約を締結させていただいています。

ちなみに、時々、企業のＨＰにおける会社概要の中で、関係先の記載中「会計監査〇〇監査法人」「弊社は〇〇監査法人の監査を受けております」という文言を目にすることがありますが、公認会計士または監査法人の予備調査や他のレビューを受けただけで、会社の信用向上のために意図的に「監査を受けている」ような記載をする会社があります。

読者の皆様にご注意です。

監査を受けているかどうかは、あくまでも監査報告書を見てご判断ください。

監査以外の調査手続を実施しただけでは、会社の内容に何らお墨付きは与えておりません。

監査報告書がないのに上記のような記載をする会社は〝要注意〟です。

領空侵犯御免

【証券会社審査担当者のキモチ】

「あんな会社を上場させた」と批判されること……これはやはり証券会社でも同じです。

証券会社や取引所では、誰が審査を担当したかまでは外部にはわからないため、批判の矛先は個人にまでは及びませんが、監査法人だと監査報告書に代表社員（指定社員）の先生方の氏名と押印が出ますから、よけいに慎重になりますよね。

とはいっても、我々証券会社も個人名が外部に出ないからといって、決していい加減な審査をしているわけではありません。

私はどちらかと言えば、社内的な責任よりも、証券取引等監視委員会（SESC）などの検査が入ったときに問題となるようなことはないか、を恐れております。もちろんそのような問題はないつもりですが。もっとも投資家の皆様に対する責任感は言うまでもありません。

それにしても、内部告発って、真偽の確認が難しいものです。個人的には、全部信用してないまでも、おっしゃるように火のない所に煙は立たないので、書き込みの内容と程度は違えど、内部告発される要素は少なからずあるのだろうという目で見ています。

2 〔取引所のキモチ〕 審査担当者もサラリーマン

取引所だって民間企業

証券会社 法人営業担当者

現在、他市場に上場している会社が、そちらの取引所へ上場したいと考えているようなのですが。

取引所 審査担当者

あっ、そうなんですか。

証券会社 法人営業担当者

現在の市場に上場してあっという間に3年。ディスクロージャーもきちんとやっています。

取引所審査担当者

ふむふむ。

証券会社法人営業担当者

売買代金では、今の市場ではベスト20に入るくらい、投資家からも人気がある銘柄なんです。

取引所審査担当者

シメシメ！

取引所だって、民間企業。稼がねばなりません。最も大きな収入源のひとつが株式などの売買に伴う手数料です。そのため、株式などの売買が活発にさえ行われれば、取引所は、ボーっとしてても、お金が入るというカラクリなんです。だからこそ、投資家から人気が高く、売買高の多い会社は、ぜひとも呼び込みたい。

他の取引所に上場している会社が、別の取引所への上場を目指すのは、しばしばあることです。どの取引所でも上場していれば、〝上場会社〟として、その地域では、ちょっとしたＶＩＰ待遇で迎えられることもあるでしょう。地方であればあるほど、〝上場企業〟としてのオーラは燦々とします。でも、経営者同士で集まると、やはり、どの取引所に上場しているかで微妙な上下関係が出来るもの。そんなときほど、ブランドの高い市場に上場したいと強い衝動に買われるものです。

既に上場している会社が、他市場に上場するとなると、まず、気にすべきなのは、「今の市場で品行方正に振舞っていたかどうか」。その一言に尽きます。たとえば、上場会社に義務付けられている情報開示を適切に行ってきたか、業績の下方修正を繰り返していないかなど、まずはチェックすべき事項です。問題がなければ、きっと別の取引所でもおそらく上場承認されることでしょう。

情報開示ができない、業績の下方修正を繰り返す、こんなお荷物会社は取引所にとって、大変迷惑です。投資家のマインドを冷やしますし、何と言っても、取引所としての管理業務を増やします。具体的には、上場会社を管理する〝上場部〟が大変な被害を被るのです。

話は変わりますが、取引所でも人事異動というものがあります。その中には、上場審査部から上場部へということもしばしばあります。ある意味、上場審査というのは楽なのです。上場希望会社が意に従わないならば、上場させないといえばそれで終わり。上場させないと判断したとしても、裁判官のように判決文に理由を添えて公にする必要もないのです。一言「NO」というだけで、何とか通じる世界。でも、上場会社を相手にする上場部の対応となるともっと微妙です。理由もなしに、何らかの処分を課すことはできません。相手は、上場会社としてプライドを持ってます。会社側にもそれなりの担当者が配置されていることも多いので、下手なことをいうと、逆に言質を取られます。そのため、上場審査で会社とのやりとりの妙味を学んだうえで、上場部に異動となることが多いのです。

そのため、上場審査部は、会社組織における先輩の多い上場部に責められないようにしたい。となると当然、情報開示が満足に出来ない会社の上場承認なんて、できるわけがないという不文律が確立します。上場したいのであればまずはこの不文律に従っていただかないと、上場申請しても、一蹴されるだけです。

上場する、もしくは上場会社としてさらなる飛躍を遂げるには、自分の状況を正確につかみ、相手の事情にも長けてる必要があります。孫子曰く、「敵を知り、……」と。

領空侵犯御免

【証券会社審査担当者のキモチ】

な〜るほど、上場審査において適時開示体制に厳しいのは、上場部と上場審査部のヒエラルキーの関係だったのですね。

でも、「上場希望会社が意に従わないならば、上場させないといえばよいのです。一言『NO』というだけで、何とか通じる世界」というのは、証券会社では考えられないですよ。きちんと説明しないと、会社も納得してくれませんし。どう転ぶにしろ、会社との信頼関係が大事ですからね。でも実際には、きちんと理由を説明した上で「NO」と言っているのではないですか？私は取引所に事前相談して「NO」と言われた際にも、きちんと理由を説明してもらってましたから（たとえ会社が一言で納得しても、主幹事証券会社は納得しないでしょう）。

【弁護士のキモチ】

開示は、会社と投資家をつなぐ基本的かつ重要な作業です。「適時開示」として、不利益を開示する場合は、「開示する不利益」と「開示しない不利益」が同居する作業です。会社側としては危機管理の方法の一つとして開示回数を減らしたいという希望があり、なるべくまとめようとするのですが、投資家のことを思えばとりあえず事実は開示せよということになります。この二律背反の行為を適切に行う体制作りというのは、一朝一夕では難しいと考えます。上場会社として持つべき風土を根本的なところから作り込むという意味で、少なくとも上場に3年弱はかかるという現在の状態は適切なのかもしれません。

審査担当者だって、人間だもの

取引所審査担当者

毎月開催される経営会議は、きちんと議事録を作っておられるのですね。

会社

ええ。開催後、2~3日で議事録を作成し、関係者に内容を確認してもらってます。

取引所審査担当者

そのあとは、どうするのですか?

会社

内容に間違いがなければ、添付資料をつけて、ファイリングしております。5年以上継続しており、今は6冊目のファイルになります。

取引所審査担当者

なるほど。ただ、一昨年前の7月に開催された経営会議の添付資料が保管されていないようなのですが。

会社

ヤバッ。

審査の過程で、ちょっとしたミスが見つかるというのは、よくあること。むしろ、本当に完璧に準備されている会社というのは、逆に邪推したくなってしまいます。何も問題がない会社なんて、あるわきゃないというのが本音のところです。

上場審査の過程では、当然、何らかの問題を必ず指摘されるものなのです。それを受け止め、何とか切り抜けてみせる。そこが、会社の担当者の力量が試される瞬間なのです。

仮に取引所の審査担当者が理系人間だった場合、添付資料が保管されていなかった原因を会社自ら分析して、再発防止を誓うとともに、他の資料はきちんとそろっていることをアピールすることになります。じゃあ、文系人間だったら？　意外に、温情に訴えることが有効だったりします。勿論「温情」にも限界はあります。

取引所の担当者だって、本当に瑣末なことを理由にして、ＩＰＯをさせないというのはしのびないもの。決して悪意がなく、大勢に影響がないミスだなと思われる場合、担当者の裁量でＯＫとすることもできる。そのための人間関係を作っておくこともＩＰＯにおいてはとても大切なのです。

取引所の担当者というのは、ある意味、裁判官みたいなもの。どんなに若造で、腹が立っても、そこは我慢。「上場してしまえばこっちのものだから、とりあえず取引所担当者をおだてておこう」というくらいの度量が必要です。

取引所の審査担当者だって人間だもの。会社訪問時には、可愛い女性にお茶を出されるとうれしいものです。（だからといってそれだけではさすがに決定的に変わりませんよ。）

取引所の社員は、大学卒業後、別の職場での勤務経験がなく、取引所業務で純粋培養された人が多いため、その分とても聞きわけがよく、素直な人も多いものです。ただ、逆に、訪問先で提出を求めた資料が20分たっても出てこないと、「社内体制がなってない！」と怒って帰ってしまう人もいます。純粋培養があだとなり、官僚的になったり、横柄になったりすることもあり得るのです。

上場審査といっても、決して、数値だけを見て、コンピュータで結論を導くものではありません。あくまで人間が判断するものなのです。取引所審査担当者との人間同士のやり取りを楽しむくらいの度量で上場審査には臨みましょう。

領空侵犯御免

【証券会社審査担当者のキモチ】

私が30歳になったくらいの頃、ある企業のご年配の役員に怒られたことがありました。私は理詰めで「これこれはこういう理由でこうしないといけませんから」と話していたのですが、その言い方が気に食わなかったのでしょう。お前みたいな若造に言われたくないとのことでした。その時に実感したのが、いくら正しいことだからといって理詰めで説明するのではなく、相手の立場や気持ちも考え、相手を立てながら説明しないとうまくいかない、ということでした。もちろん、相手が若造であっても、「上場のために我慢しとこう」という度量も大事。ですが、お互いの信頼関係が最も大事なわけですから、審査する側という立場上、上から目線になりがちなのには気をつけなければならないと常々思っています。ただ、社長面談の際には、社長の度量の大きさを試すため、というか、取引所での社長面談や、上場後のIRの際に切れちゃダメですよ、ということを言うために、わざとカチンとくるような質問をするようにしています。

理系人間と文系人間の違い、面白いですね。証券会社の審査の場合、文系人間は、よく言えば融通が利き会社の実態を反映した審査をしてくれる、悪く言えばちょっといい加減。理系人間はよく言えば数字に厳格（数字やその根拠を見ないと納得しない）、悪く言うと融通が利かない傾向があるかもしれない、と個人的に思っておりました。会社の実務担当者でも、どちらかといえば理系人間の方が細かく根拠のしっかりした資料を作成してくれるのかな？　という気が若干しています。もちろん、ただの個人的な印象ですので。

【弁護士のキモチ】

「取引所担当者とのやり取りを楽しむくらいの度量で上場審査には臨みましょう」いい言葉、心掛けですねぇ。これは取引所担当者に限らず、証券会社、監査法人、我々弁護士など全てのプレイヤーとの関係に当てはまると思います。どのプレイヤーも、あの資料を出せ、この資料が足りない、それを説明しろなど、いろいろ要求してきます。会社の担当者からすれば、「またか」、「しつこい」、「いい加減にしてくれ」、「なんでそんなことまで聞いてくるんだ」などと怒鳴りたくなることもあるでしょう。しかし、各プレイヤーとも株式公開の業務に必要だからこそ要求しているのですし、各プレイヤーは当該会社の他にも何社も抱え、他の業務をこなしながら手続を進めています。それに比べたら、ひとつの会社について把握していればいいんだからラクなものさ、くらいの余裕を持って何とか乗り切っていただきたいものです。

資料は語る

取引所審査担当者

資料の3ページの上から2行目に「新たな集客方法を考案し、来店者数の増加に努めました」とあります。どんな方法を考案したのですか?

会社

メニューの種類を増やしました。また、低価格のメニューも導入しました。

取引所審査担当者

メニューに手を加えたのはわかりますが、集客方法としては、なにか変わったのですか?

会　社　すみません、集客方法としては、特に変わっていません。

取引所審査担当者　わかりました。それで、どれくらいの来店者が増えたのですか？

会　社　昨年に比べ、全社ベースで15%です。

取引所審査担当者　でも、事業計画を上回るペースで出店してますので、来店者数も当然、増えますよね。

会　社　ええ、まぁ。

たまにいます、本当にいい加減な資料を作る会社。審査は筋道が通っているかを確認する場でもあります。魂を込めていないから、ちょっと突っ込むと、何も具体的には話せないのです。資料では、自ら「新たな集客方法」と言っているのに、〝メニュー〟について答える。何らかの方法で来店者数を増加させたのであれば、各店舗ごとの対前年度比などを数値で示すべきところ。しっかりと考えていないから、店舗数の増加により、来店数が増えるのでは？　と突っ込まれる始末なのです。

世の中には、ＩＰＯ関連の資料を作るコンサルタントという人たちが存在します。でも、彼らに資料作りを依頼すると、表面的には見事な出来栄えなのですが、熟読すると上っ面だけ、ということが多いです。こんな場合は、やはり印象が悪い。自分の会社のことくらい、きちんと自分たちで説明しようとしなければ、先行きは暗いものです。これでは上場は難しいでしょう。

取引所の審査担当者は、資料に記載されている内容が、本当に正しいのか確認することが仕事なのです。ですから、ある新聞記事を見せられて、この内容が正しいか、確認しなさいと宿題を与えられた学生と同じ状態です。資料の言葉尻も含め、「どんな質問ができるかな？」と思いながら読み進めるのです。何せ、質問をすることが仕事として形に残せる最も明確なアウトプットなのですから。ある意味、間違い探しです。

だから、質問の嵐になるような文章を書いてはいけないのです。適度に質問をしてもらって、審査担当者も「あ〜、審査をしたな」と思える程度の文章が一番、健全なのです。あまりにもひどい場合は、審査担当者の鉄槌がさく裂します。たとえば、文章の全面見直しを、金曜日の夕方に依頼し、タイムリミットは、月曜日の朝。審査担当者は心の奥で、「内容がひどすぎる！　土日を費やしてでも、やれ。できなきゃ、スケジュールは延期だよ」と叫んでいるのです。会社としては、やるしかありません。

資料に関して、もう一言。不用意に資料を渡すのは危険です。求められたら、可能な範囲で、最小限の資料を提出するようにしましょう。資料は申請書類を根拠付けるためのものです。特に今後行う事業などについての不用意な資料を出すことは、本筋とは関係のないところで、余計な対応をしなければならなくなってしまう場合もありますのでご注意を。

領空侵犯御免

【証券会社審査担当者のキモチ】

「質問の嵐になるような文章を書いてはいけないのです。適度に質問をしてもらって、審査担当者も『あ～、審査をしたな』と思える程度の文章が一番、健全なのです。」これって、まさに証券会社の審査でも全く同じ。「これなんだろう?」という疑問が次から次にわいてきて、資料を読むのになかなか先に進まない会社というのは、かなりストレスを感じます。結果質問数もかなり多くなってしまいます。ストレスなく資料が読めて、適度に質問し、短かすぎず長すぎず、的を射た回答をもらう、というのがお互いにとって最もベストな状態でしょう。

また、不用意に資料を渡さなくてもいいのですが、利益計画の根拠などで、根拠資料がなさすぎる会社というのも問題です。こちらが提出してくださいとお願いした根拠資料があまりないようだと、利益計画の根拠に疑問を持ってしまいますからね。基本的には、要求されたら提出できるようにしておく、という対応でよいと思います。

弁護士の意見書にしても、色んな意見書を見てきましたが、確かに「何だこれは?」というような意見書も多々ありました。結論としては「問題ない」で終わっているのですが、その根拠が丸抜けしていたり、あってもピンボケしていて突っ込みどころが満載の意見書もあるものです。弁護士の先生と一概に言っても、得意分野は色々ありますから、専門分野に精通した先生に依頼するのが一番です。できれば、株式公開の仕組みや流れについても理解していただけてるとより良いですね。ピンボケしていたり、不十分な意見書を取っていただいても、再度意見書を取り直してもらうことになり、手間も費用も余計にかかることになってしまいかねませんから。

黙っているのは、つらいこと！

取引所審査担当者
先日、ある新聞に、御社の記事が出ておりましたよ。

会社
あっ、そうですか。どのような内容だったのですか？

取引所審査担当者
あと、2週間ほどで上場承認されるとか。

会社
んんっ？

取引所 審査担当者　社内の情報管理体制を、再度確認したいのですが。

会　社　了解しました。

通常、上場申請をしていること自体が極秘扱いとなる。少なくとも、取引所から、そうした情報を漏らすことはない。

もし、機会があれば、取引所の上場審査部を訪問してみてください。その受付には、上場したら贈呈される記念品が飾ってある。この記念品をもらうために（最近は、作らないこともありますが）、家族サービスを犠牲にし、徹夜をし、証券会社の言いなりになり、万苦を乗り越えるのだ。そして、その記念品の横には、「会社名を名乗らず、個人名で、呼び出してください」と張り紙がしてある。ふとしたきっかけで情報が漏れることを恐れているのだ。それほど、取引所では情報管理には慎重になっている。ただ、情報は漏れる。時として、生々しい情報が。

たとえば、某新聞の某記事。「あれっ、誰がこんなこと、漏らしたの？」というタイムリーな情報が掲載されていることがある。隣の人が知らない情報に接すると、思わず誰かに喋りたくなる。そうすれば、隣の人から、尊敬の目で見られる。ここに、快感を感じてしまうもの。また、他人に情報提供しないと、自分も新たな情報にありつけない。

こんな経験はないだろうか？　ある銀行の担当者に融資の依頼を示唆した。すると、他の銀行から、電話がかかってくる。考えてみれば、取引所、証券会社、銀行など、高いモラルの守秘義務が求められる。でも、お互いにライバルだが、お互いに仲間でもあり、サラリーマンとして自分だけが取り残されるのを怖がる人たちでもある。

じゃあ、情報管理って、どうすれば良いのか？　実は、根本的な解決策はないと思っている。上場会社を目指すにあたっては、そんなことでは許されないのだが。

領空侵犯御免

【証券会社審査担当者のキモチ】

確かに矛盾しているところはありますよね。会社にはしっかりと情報管理してくれないと困りますよ、とは建前上、言っておかなければなりません。

ただ、犯人は取引所ではないにしろ、証券会社かもしれないし、ＶＣ、銀行など会社をとりまく様々な外部の人間かも知れず、上場するという情報が漏れた原因が会社にあるとまでは言いませんが。

【ＩＰＯコンサルタントのキモチ】

これは難しいですねぇ。ＩＰＯが具体的になる前は「当社は上場を目指しています！」って言っても支障がないわけですよね。だってその方が、やる気のある人材を採用しやすいわけですし。それがある一時期を境に、会社の人がピタッとＩＰＯについて語らなくなる。その辺の変化、業界にいる人間としては面白いなぁと思います。

領空侵犯御免

【弁護士のキモチ】

情報管理規程を作り込んでも、ＮＤＡ（秘密保持契約）できっちり守っても、漏れる時は漏れます。情報は必要な人にだけ、必要な範囲で教えるという、当たり前のことを当たり前にやっていないとその危険性は高まります。もっとも、社内の意識共通のために、ある程度話さないといけないのもわかります。情報管理は企業にとって、永遠の課題ですね。

2 〔取引所のキモチ〕 黙っているのは、つらいこと！

審査室の眼光紙背

広告塔がいる会社

ごく稀に、会社のアピール方法の一つとして、各界の著名人が支援している、役員になっている、出資している、と言ってくる会社があります。わが社はすばらしい事業を行なっているため、多くの著名人から賛同を得ているというものです。

その面々は芸能人、スポーツ選手のほか、お公家様も多いようです（実際にお公家様かどうかわかりませんが、四条家とか、鷹司家とか言われるとそんな気がしてくるものです）。お公家様の賛同を得ているというと、それだけで信用力が増してくるような気を相手に起こさせるのが狙いです。

このような広告塔になっている方々が、本当に賛同されているかどうかはかなり怪しいです。勝手に名前を使われているか、もしくは了承を得ているにしても、自分の名前がどのように使用されているのか、その会社の実態はどのようなものなのか、わかっておられないこともあると思います。

一般の方々には広告塔になっておられる方のネームバリューはあるかもしれませんが、証券会社に関して言うと、広告塔の方々が実際に応援してようとしていまいと、それだけで信用力が高まるということは、まずあり得ません。むしろ、このような広告塔を使っている会社って、何か裏があるのではないかと疑いを持つことになってしまい、逆効果になることの方が多いでしょう。

3　証券会社のキモチ

そんな相談されても困るよ（社長の愛人）

社長

御社公開引受担当者にバレたんだけど、実は子会社の常務が私のコレ（小指）なんだよ。彼女との関係は妻もわかっているから問題ないよね？

証券会社法人営業担当者

社長、元気ですね～。何年くらい続いているのですか？

社長

3年くらいかな。彼女は夫と離婚して中学生の息子がいてねー。お金がかかるので、時々援助しているんだよ。

証券会社 法人営業担当者
社長のお財布の範囲内であればいいとは思いますが。風評には気をつけないとＩＰＯにも支障がありますよ。

社長
実はね、マンションを買ってあげようと思ってるんだけど、子会社か私の資産管理会社でローンを組んで与えたいのだが、どうかね。

証券会社 法人営業担当者
それはアウトですよ。利害関係のある会社を私的に使っちゃダメです。

社長
そっか、でも助けたいんだよね。でも私もカネがなくて。何か抜け道ないかね？

証券会社 法人営業担当者
とりあえず聞かなかったことにします。ＩＰＯ準備時期に、あまり変なことしないでくださいね。

そもそも関連会社役員が愛人である、なんてことは主幹事証券会社に伝わってはいけない。主幹事証券会社としては、不適切な関係の解消を要求しなければならないけれど、彼女にどっぷり漬かっている社長をどうすることもできないということはあり得ます。ただこれだけは言えますが、公私混同することはＩＰＯの道を遠ざけることになります。

領空侵犯御免

【会計士のキモチ】

証券会社に正直に相談するだけまだ救いですね。「オレの会社だ、愛人を役員にして何が悪い？」と開き直る社長がたまにいらっしゃいます。

人間には色々な欲望があり、欲望に執着する社長の方が、会社の業績を向上させる傾向にはあるのですが、労働実態のない人に役員報酬を支給するようなことが許されていては、ＩＰＯ後の株主はたまったものではありません。

どうしても愛人の生活を保障したい……。そういう場合は、分社化などのスキームを利用してグループから完全に切り離して、ＩＰＯする企業とはサイフを切り分けるべきです。

【証券会社審査担当者のキモチ】

分社化などによってグループから完全に資本関係を切り離したとしても、グループとその販売先・仕入先との間にかませたトンネル会社であったりした場合は、やっぱり問題ですよね。グループから切り離した際にも会社財産の不当な流出になってないか、留意が必要ですね。

【弁護士のキモチ】

愛人問題はもとよりですが、セクハラなどの問題はコンプライアンスの体制に大きな疑義を生じさせます。ＩＰＯ直前期は殊更に気をつけていただきたい問題ではあります。

証券会社まかせ（おたくが面倒見てくれるんですよね？）

社　長

リーマンショック以降、金融機関の貸し渋りにより資金調達が難しくて。ＶＣから資金調達し、厳しい環境を乗り越え、将来的にはＩＰＯを目指したいのですが、アレンジできますか？

証券会社
法人営業担当者

知っているＶＣがあるので、お声がけさせていただきます。何社くらい、いくらくらい必要ですか？　また株価については、どのようにお考えですか？　いつまでに資金は必要ですか？

社長

1億円くらいは集めたいのだが、私は技術屋なので、そのあたりはよくわからないんですよ。資金は来月までに必要だけれども財務担当者と相談してもらえませんか？

証券会社法人営業担当者

わかりました。では財務担当者を紹介してください。

社長

○×君、こちらの証券会社の方が面倒見てくれるのでヨロシク。主幹事もこちらの証券会社で決めたからね。

財務担当者

よろしくお願いします。ただ私も経験がないので、わからないんですよ。未上場の株っていくらで取引されるんですか？

証券会社法人営業担当者

決算数値を見て株価算定をしなければなりませんが、VCに御社事業への投資に興味を持ってもらえるかを確認する必要がありますね。それと事業内容のわかる資料や事業計画書をいただけませんか？

財務担当者

事業計画書ってうまく作れないんですよ。おたくで作ってもらうことできませんか？

証券会社法人営業担当者

作ることをサポートするのは出来ますけど、それくらい作れないいんですか？

財務担当者

社長は証券会社の方にアレンジは全て任せると言ってますよ。なので、お任せします。わからないことは社長に聞いて1億円エクイティ（新株式の発行）で集めることができる様に資料作成してください。おたくが面倒見てくれるんですよね。主幹事依頼書も提出しますので。

証券会社法人営業担当者

（フィーをいただければ作るけど、資金はあるのかな？事業計画書策定で2千万円をいただくサービスがあるが、2千万円払って1億円調達しても意味がないからどうしよう。）

証券会社営業担当者は「何かあったら手伝いますよ」と言うことはありますが、無料でできることには限界があります。いくら技術があっても最低限の経営ノウハウは知ってて欲しいですし、知らないまでも本を買って勉強していただきたいものです。このような会社の態度は、ＶＣ側にも伝わってしまうことが多いため、ＶＣ側とすればこんな会社に投資などできようはずがありません。

結局ＶＣが1社もつくことがなく、重たい負債を解消するために、銀行と再生スキームを策定せざるを得なくなるなんてことも起こってしまいます。

領空侵犯御免

【ＶＣのキモチ】

事業計画の中には綺麗な右肩上がりの業績が書かれているのですが、会社から説明を聞いてみてもどのようにして実現させるのか、納得できる説明のないことがあります。

過去に投資した会社で、投資前は立派な事業計画が作成されていたのに、投資後は簡素な年間予算しか作成できなかった会社があります。こういった会社は、資金調達のために、外部の会社に綺麗な事業計画を作らせたのだろうと感じます。

事業計画は、会社が今後進むべき方策をまとめた重要なもので、ＩＰＯを目指す会社にとっては、ＶＣからの投資を募る際だけでなく、投資後も継続的に更新・作成していくものです。

人任せにせず、会社で考え作成し、そしてＶＣに説明して欲しいと思います。

【弁護士のキモチ】

新株発行に関する書類などの作成を依頼される際に、株価の算定まで弁護士が何とかしてくれると思ってらっしゃる方もいます。個人的には、株価算定ができる会計士さんなどを紹介して対応していますが、やはりフィーはかかってしまいます。弁護士としては、どんどん相談して欲しいし、交通整理もある程度できることが「腕」ではあるので、頑張りたいところなのですが、慈善事業ではありませんし、なんでも屋ではないということを分かって欲しいと思うことはたまにあります。

弁護士を含め周りのプレイヤーはその会社に大きくなって欲しいものですが、あくまでも会社という大きな船を漕ぐのは会社の中にいられる方です。良い会社に、大きな会社になって欲しいという気持ちから色々なことを言いますが、決断は会社自身でお願いせざるを得ない、周りのプレイヤーとしては複雑な「キモチ」なのです。

上場準備と資本市場

——予定は未定?——

証券会社法人営業担当者
今期より上場申請期となりますが、御社メンバーのご協力もあり上場準備は概ね順調に進んでおります。大変な作業にもかかわらず、迅速にご対応いただき大変感謝しております。

会社IPO準備室長
これまで御社にビシバシ指導いただきましたので(笑)。

社長
業績についても当初計画していた数字をクリアしておりますが、気になるのは株価です。かなりの資金調達と大株主の売出しも検討しているので想定していた株価に近づくかどうか気にしてます。

証券会社 法人営業担当者

そのことなのですが、リーマンショック以降は、類似会社の株価も下がってきており、PBR[※1]1倍割れの会社も続出している状態です。上場のタイミングは取引所審査期間を考えると半年後くらいになりますが、それまでにマーケットが回復しているかどうかがポイントになりそうです。

社長

バリュエーション[※2]によっては上場時期についてもあらためてご相談しなければならないですね。

証券会社 法人営業担当者

そうですね（今は当初想定していた株価の半分にしかならないかも……）。とりあえず今は審査対応に集中していただくということでお願いします。

※1　PBR：株価純資産倍率＝株価÷1株あたり純資産額。
※2　バリュエーション：企業価値に対する株価評価。

株価の低迷は上場へのモチベーションを大きく下げる要因です。公開引受担当者や会社の上場準備担当者が数年かけて準備してきたことが、社長の一声で一瞬にして水の泡となるケースだってあります。証券会社の営業担当者とすれば、バリュエーションは大事なテーマですが、営業の観点からは上場出来るときにデビューした方が良いと思います。セカンダリーファイナンス（上場後に、市場を通じて増資を行うこと）の検討も可能ですから、落ち着いてご相談させていただきたいものです。

領空侵犯御免

【IPOコンサルタントのキモチ】

ありますよね、鶴の一声で計画が白紙・延期になるケース。一瞬で目の前が真っ暗になります。

IPOに向けて作成される資料は膨大です。何百ページにも及ぶ資料の作成・チェックを、担当者は徹夜を厭わず進めていくわけです。それもこれも、来たるべきIPOという晴れ舞台のため。それが一瞬で〝不要！〟と言われた日には……（涙）。

ただ、無理してまでIPOしない方が、結果として正解ということもたくさんあります。特に設例のような、相場が振るわない場合などの外的要因に起因する場合については、誰も文句が言えません。傷の浅いうちに撤退して、再起を図るのも戦略の一つです。

逆に、内的要因の場合はちょっと異なります。たとえば、初めから誰もがムリと思っていた事業計画に沿って上場スケジュールが組まれているような場合。作業担当者は「最初から今年はムリだよ」と思っているので、はじめから士気が上がりません。一方で、社長は、あわよくば上場できるのでは、という希望的観測に基づいて、社員のおしりを叩き続けます。

結果どうなるか。社長は毎年「今年こそIPOするぞ!」とまくし立てるものの、周りは「どうせ口だけだから」と冷めた対応。社内にすきま風が吹き抜けることになってしまいます。

経験則的に言うと、上場準備の激務は2回連続が限度。それ以上やり続けることは、ドMの人以外はムリでしょう。初めからしっかりとターゲットを絞って、社員が疲弊する前にしっかりと達成する、そういう計画性が必要になるでしょうね。

領空侵犯御免

【証券取引所のキモチ】

業績をしっかり管理できないのは、完全に経営者の責任。でも、バリュエーションは、必ずしも経営者の責任とは言えない。ただ、審査を担当して、頭に浮かぶ言葉は……〝運も実力のうち〟!?

まぁ、IPOの入り口の段階で資本市場の洗礼をうけることになった経営者に、これ以上、バリュエーション絡みで、何かを問い詰めることは、ちょっと酷かな、とは思いつつ……。上場を意識した時点では好調だった株価が、実際に上場する時には、ガクンと下がることもあれば、たまたま比較される類似会社が不祥事を起こしたために、その類似会社の株価が下がり、自社の株価の評価に影響を受けることもある。

ただ、モノは考えよう。その逆も結構あります。最近は、株価が低迷していて、〝この社長、幸運!〟なんて、思えることは少ないかもしれないけど……。そして、上場後も本当に成長する企業ほど、幸運にも、実際の上場時には株価が上がっていたりするものです。または、株価が低いため、思い通りに資金調達できないことを目の当たりにして、資金のかからないビジネスモデルに転換し、さらなる成長のきっかけを築いたりもすることもあります。

以前、地方の取引所が、IPO時の株価算定で、ちょっとした話題を提供してくれたことはありましたが、基本的には、株価算定について、取引所が積極的に関与することはありません。

でも、IPO時の株価は、決して無理をしないことをお勧めします。

【VCのキモチ】

市況低迷で延期することは良い判断と言えるでしょうか。

利益が他の上場会社に比べ一桁多い会社や、景気の波に業績が左右されにくい会社であればそういった判断もあると思います。しかし、利益が数億円のレベルで上場を考えていたり、上場時の資金調達で更なる成長を狙っているのであれば、上場出来る時にした方が良いのではないでしょうか。株価は景気の先行指標的な要素があり、市況が低迷してくると、その後景気も悪化し、つれて企業業績も低迷するということはごく普通にありえる話です。

上場準備中の会社は、業績を拡大するため積極的に投資を行ったり、管理コストも多くかけているため売上減少の影響がとても大きなものとなります。市況回復で数年待っている間に成長している業界が成熟することになるかもしれません。

過去、上場を延期したばかりに上場のチャンスを失った企業や、上場を先に行った後発企業に追い抜かれた企業をいくつか見ました。そうならないために上場延期を考える場合は、よくご検討ください。

【弁護士のキモチ】

ＩＰＯの方向とは逆になってしまいますが、ＩＰＯをすることの経済的利益や資金調達コストが、上場維持費用に見合わないのであれば上場は止めるべきです。しかし、これまでにＶＣなど、ＩＰＯを条件に資金を出してくれた人が存在しているのであれば、その方への「仁義」をどのように通すかも十分配慮すべきです。ＩＰＯすべきかで悩むということは、あらゆる方向と角度で、考える必要があるということです。

上場審査は大学受験？　証券会社は予備校講師？

社長　いや〜、私もいろんな本を読んで上場審査の勉強をしたんですが、結構大変ですよね。

証券会社審査担当者　そうですね、今まで当たり前のように行なってきたことでもできなくなることもありますし、腰を据えて準備しないと。

社長　でも上場審査なんて入り口だけ厳しくてデビュー（上場）した後は何もないのでしょう？　だから大学受験

みたいなものだと思っています。証券会社さんには予備校の講師のように、いかに効率よく短期間で上場審査にパスできるかという受験テクニックの伝授を期待していますよ。

証券会社審査担当者

はぁ……。

まあ百歩譲って証券会社が予備校講師、というのはいいとしても、受験テクニックだけで上場審査を乗り切って上場後はやりたい放題、という考え方では社長としての資質を疑ってしまいます。少なくとも、株主のこととか何も考えていないんでしょうね。

上場するということは、それまでの私企業（プライベートカンパニー）から公企業（パブリックカンパニー）になるということです。パブリックカンパニーになるということは、不特定多数の株主ができるということであり、株主に利益を分配していく義務と責任が生じるということです。

受験テクニックだけで上場審査を乗り切ることができるか？　と聞かれれば、経験豊富な上場支援コンサルタントを雇い、運がよければ通ることは可能だと思います。なぜかというと、証券会社の審査担当者や取引所の審査担当者は、実際に会社で働いている人の現場を実査により確認しているものの、実査はほんのごくわずかの範囲・期間だけを見るため、現場で実際に何が起きているのかまでは何もわからないからです。

上場審査というのは、大ざっぱに言うと将来の株主に対する利益分配の義務と責任を果たすだけの最低限の能力が会社にあるか、というのをチェックするためのものです。ですから審査だけを受験テクニックで仮に通ったとしても、上場後も継続して管理体制を築いていかないと、株主に対する義務と責任を果たすどころか、配当も出せず、株価下落を続けるということにもなりかねません。上場審査に耐えられるように会社の管理体制を整備して、これをきっかけに会社を強くし、もっともっと大きく羽ばたいていこう！　と考えているのが、本来社長として人の上に立つ者の姿だと思います。トップが上場の意味をはき違えていると、社員がかわいそうです。ただ、このような社長の下に就いていらっしゃる社員の資質まで疑いたくはありませんが……。

領空侵犯御免

【会計士のキモチ】

効率的な体制整備、内容が充実した上場申請書類の作成、などなど。これらは上場審査をパスするために非常に大事であることは、他の方々からのご説明の中でお分かりいただけると思います。しかし、そもそもの体制、上場申請書類に書かれている内容がメッキだとしたら、そのメッキが上場後に剥がれると、配当も出せず、株価も下落、これは一種の詐欺ですよね。

会計士による監査は上場前も然り、上場後、会社が上場し続ける限りは金融証券取引法第193条の2第1項の規定に基づく決算期末の監査及び四半期決算のレビュー、並びに金融商品取引法第193条の2第2項の規定に基づく内部統制報告書の監査(所謂、J-SOX)を行っていかなければなりません。

上場審査までは受験テクニックで乗り切って、上場後はやりたい放題。そういう経営姿勢が見えてきた場合、会計監査を担当する立場としては監査契約そのものを見直させていただくことになるでしょう。

そもそも上場審査で求められていることは、売上や利益といった収益力もさることながら、会社が直面するかもしれないリスクや減収要因に対峙できる体制を組織し、かつ成長していく

領空侵犯御免

ために必要な計画力を備えているかということ。いわば大学入試に必要なのは英語だけじゃなくて、国語、数学、社会なども必要とされているわけであって、一朝一夕のごまかしたテクニックでどうこうなる話ではありません。会社経営の健全な遂行という日々の積み重ねがあってこそ、はじめて備わる素養です。

しかし上場に絡む話ならば、証券会社ばかりでなく、我々のように上場後も引き続き監査を実施する会計士としてもその会社を担当しているという悪評（破綻した場合は会社とともに会計士人生が終わることもあり得ます）が付きますし、株主、銀行等の債権者、上場企業であることを信じて人生を会社にかけた新入社員、信用した取引先、その他たくさんの人々に多大なる迷惑をかけるのです。

このようなスタンスの社長が経営する会社は、ひょっとしたらハイリスク志向の会計士の同業者では受託する人もいるかもしれませんが、私だったらこんな人との心中はご免蒙ります。

【弁護士のキモチ】

「社長」は会社の顔です。その背中には数多くの従業員の生活を背負っています。株主総会では社長の背中ばかり見ていますが、その背中には上場会社としての気品が漂っていることが多いです。この「気品」はテクニックで身に付くものではありません。弁護士としては、上場後の株主総会の現場で助けられることは多くないので、この背中を身に付けて上場して欲しいですね。

規程は誰のためのもの？

証券会社審査担当者

先日受領いたしました御社の諸規程ですが、御社の実態に合っていないところが多々あるように思うのですが。例えば、経理規程の売上計上基準が実態と異なっていたりするのですが、これはなぜでしょうか？

会社

あれ？　おかしいな。これは上場会社○○の方からいただいた経理規程を、そのまま部署名だけ換えただけだから、間違っていることはないと思いますけど？

証券会社審査担当者

その考え方がそもそもおかしいのですが。

規程って、会社のルールを決めるものです。定款が憲法だとすると、規程は法律。細則やマニュアルは政令か条例というところでしょう。これを無視してみんな勝手気ままに仕事をしていたら会社の業務はとんでもない方向に行ってしまいかねないし、逆に守ることによって会社に秩序と規律が生まれ、各人の判断に振り回されることなく、みんなが同じ方向に進むことができます。そこに書いてあるのは基本的に仕事の進め方のルールですから、各自が頭を悩ませて考えることもなく、異動で来た人もそれさえ読めば業務内容がわかる、という非常に便利なものでもあります。

設例の会社は、おそらく銀行か証券会社又はＶＣの担当者にでもお願いして、どこか上場会社の規程をもらってきたのだと思いますが、部署名だけを変えて他社のルールをそのまま自社に適用しようとしたところに無理があります。他社の規程を参考にするのは大いに結構なのですが（規程は通常社外秘のものなので、入手方法には気をつけなければなりませんが）、参考レベルにとどめ、あくまで自社の業務内容、実態を鑑みて作り直さねばなりません。そうしないと、規程だけ作っても運用が追いつかず、結局意味のない規程にしかなりませんから。

ＩＰＯの審査では、規程の内容を審査しますが当然その運用実績も確認します。ですから運用できていることを確認できなければ、確認できるまで延々と審査が伸び続けることになるでしょう。

冒頭にも申しましたが、規程とは会社運営の根本を決めるものですからとても大事なものです。日々の業務内容のほか、難しい判断を求められるようなものもあらかじめある程度規程化しておけば、非常に効率的で各人の勝手な判断による間違いが起きる余地も少なくなります。

規程の策定＝オペレーションの効率化ですから、特にＩＰＯ審査とは関係ないとしても、今後の会社経営のためにも気がついた段階で早々に策定した方がよいと思います。

領空侵犯御免

【弁護士のキモチ】

どこかから拝借した規程が利用されていることを見受けられることもありますが、借りた先の数が多かったり、借りた先の社内事情などが各々異なったりするせいか、そもそも規程同士が整合していない例も多いです。コピペしただけの規程を実際に読むのは、デュー・ディリジェンスを行う我々が初めてということがないよう、会社の皆さんでしっかり練り上げて欲しいところです。我々としては必ず整合性のチェックをするので、そのせいで上場が難しくなるということは本当につまらないことだと思います。

領空侵犯御免

【会計士のキモチ】

J-SOX（内部統制報告制度）では、ルールを明文化し関係者に周知することが求められています。そのため、J-SOXをきっかけに、上場後あまり手を入れていなかった規程を見直してみると、規程間の整合がとれていなかったり、法改正に対応していなかったりする事実が諸々発見されました。上場審査の時にはちゃんとしていたはずなのに。

『規程の策定＝オペレーションの効率化』、おっしゃるとおりです。その認識をもっていれば作って終わりじゃなくて、適宜アップデートされていくはずですね。

3 〔証券会社のキモチ〕 規程は誰のためのもの？

上場前のタレこみ

証券会社審査担当者A

もうすぐ私が審査担当した○×株式会社の上場日。ここまで来るのは長かったなあ。

証券会社審査担当者B

Aさん、Aさん宛てにＦＡＸが届いていましたよ。

証券会社審査担当者A

どうも有難う。うわっ、何だこれ!?「○×株式会社の社長は極悪非道な人間だから、上場させるな」って。いろいろ具体的に書いてあるぞ。困ったなあ、もうすぐ上場日なのに……。

上場申請を無事に済ませ、もうすぐ上場日というところまでくると、みんなひと段落したように落ち着いてきます。しかし、会社に恨みをもつ人間もしくは会社の内情を憂う人が、FAXなどで主幹事証券会社引受審査部宛てに警告してくることが稀にあります。もっとも怪文書が出回ることはこのタイミングだけではないのですが……。

このような文書の例としては、「社長と秘書の△△は不倫関係にある」といった社長の女関係ですとか、深刻なものになると、「下請会社の××はこの会社にいじめられて経営者が自殺した」ですとか多岐にわたります。いずれにしても、そのような書面を見ると大抵会社の実情が細かく具体的に記載されているため、会社の社員か元社員が送ってきたのであろうと思われます。現状に不満のある社員か、会社と折り合いが合わず恨みをもって辞めていった社員か、というケースが多いかと思います。

審査上はFAXなどの差出人について、心当たりはあるかどうかの確認を会社に対して行いますが、犯人探しのように特定化するまでは行いません。重要なのは、差出人が誰かよりも、その書面に記載されていることが事実かどうかだからです。

書面に記載されている内容が上場申請の判断（申請後の取り下げの判断含む）に影響を与えるほど重要かどうかをまず判断し、軽微であれば社長に注意を促す程度で済みますが、重要なものであればそれが事実かどうかを確認し、証券会社としては問題のないことが確認できるまで当該会社を引受けて上場させることはできません。証券会社としては、既に取引所に申請しているのであれば、取引所にも報告し、上場予定日までに確認できなければ上場予定日の延期ということになります。

調査の結果、たとえ事実無根の作り話であったことが判明したとしても、火の無いところに煙は立たないように、会社の内部に火種がくすぶっているのではと考え、審査としては慎重にならざるをえません。このように、会社は未上場と言えど、常日頃から周囲に見られていることを意識し、品行方正な行いに努めなければなりません。従業員や役員などについても、喧嘩別れなど厳に避けていただきたいものです。

領空侵犯御免

【弁護士のキモチ】

証券会社さんのおっしゃるとおり！ 未上場といえども、常日頃から品行方正な行いをぜひとも心掛けていただければと思います。会社も私達審査側の弁護士も時間と費用をかけてデュー・ディリジェンス※を進めたにも関わらず、怪文書や警告書などが届き、手続が暫時又は長期間中断するということはあり得ることです。会社はもちろんでしょうけれども、我々も必死になってＩＰＯに向けてサポートしていた分、残念な気持ちでいっぱいになります。

ただ問題のある社員については、会社として厳しい態度をとらなければならないこともあります。このような場合は、社員の逆恨みも覚悟で対応しなければなりません。社員の問題はこのような二律背反の状態になることがあり、人事の難しさを痛感させられます。

※ 投資やM&Aなどの取引に際して行われる、対象企業、不動産・金融商品などの資産並びに法律上及び財務上などの問題点の調査及び検討活動

領空侵犯御免

【会計士のキモチ】

ごく稀にですが、このテの投書が元で会計処理を見直さざるを得ない、ということもあります。たとえば、ある訴訟案件について、会社側の見解として「大した問題ではない」という回答をもらっていたため見込損失に対する引当計上を行っていなかったが、実は裏に大問題が潜んでいて、決算数値を修正せざるを得ないほどのインパクトを持っている、というものです。

監査をする側は、会社から入手した資料や担当者からのヒアリングに基づいて、決算数値が合理的か否かを判断していきます。そして、それを補捉するために、追加で資料を入手して整合性を確かめたり、複数の担当者にヒアリングをしたり、経営者確認書という宣誓書を入手したりと、様々な策を講じます。しかし、「全社一丸で」事実を隠蔽しようとした場合、捜査権限のない監査法人にはこれを発見することは相当に困難となってしまいます。そして、その困難な事実が発見されるのは、意外と内部者からの「タレコミ」であったりするものなのです。

もちろん、対外的にウソや事実隠蔽をすること自体が好ましくないのですが、そうでない場合にもどこで足を掬われるか分かりませんので、社員や取引先とは、常に良好な関係を保っていた方が安全ですね。

3 〔証券会社のキモチ〕 上場前のタレこみ

社長、それって脱税です!?

証券会社審査担当者

社長、御社が前期に○○社に売却した未上場会社の株式ですが、かなりの利益が出ていますね。この株はいつ、いくらで、誰から取得したのでしょうか?

社長

あぁこれは、私が持っていた株を売却する1週間くらい前に当社に譲渡しました。確か全部で10万円です。私自身は赤字ですけど、どうしても当社に利益が欲しかったので。

証券会社審査担当者
たった10万円で売却されたのですか？　でも御社が○○社に譲渡した時には1億円以上で売却し、多額の特別利益が出ていますよね？

社長
ええ、だから私は大損でしたけど、当社のためになるのならやむを得ません。

証券会社審査担当者
社長、この取引に関して、社長個人で税金を払いましたか？

社長
え？　何で税金なんか？？？

この設例では、社長が10万円で会社に譲渡した株式を、その1週間後に会社が○○社に1億円以上で売却したとすると、その差額は社長から当社への譲渡とみなされ、その差額金額に対して社長に税金がかかってくる可能性があります。というのも、わずか1週間での急激な株価の変化は、最初からその○○社に1億円以上で売却する手はずが整っており、それを承知の上で会社に10万円で譲渡したという解釈がなされると考えられるからです。会社自体は株式の売却益を計上し、それに対して法人税などを納めていれば問題ないので、この場合は社長個人の問題となります。会社に問題はないけれど、会社経営者であり影響力の大きい社長の脱税を、そのまま問題なしとすることはできません。この場合はしっかりと社長に税金を納めてもらうことになります。

また、そもそもの問題点は、この方法で会社に利益をもたらすというのは、法にこそ抵触しないものの、実態は粉飾決算だということです。本来なら、当該未上場会社株式の当社の取得価格は、あるべき適正な価格でなければなりません。そのために第三者による株価算定書を参考にしたり、直近の売買価格を参考にするなどしなければなりません。前記のように譲渡人の根拠のない言い値で売買してしまい、多額の利益が計上されているようだと、上場審査の過程で非常に厳しく見られることになる可能性があります。損失ではなく利益だからよい、ということは全くありません。

その他気になる点としては、当該未上場株式の売買は社長と会社との取引であり、利益相反取引として取締役会で決議すべき事項だったようですが（会社法第３５６条第1項第2号、第３６５

条第1項)、取締役会議事録に記載がされていなかったと考えられます。というのも、議事録に記録が残っていれば、上記のようにいつ、だれが、いくらで会社に譲渡したのかという質問は出ません。議事録を見ればわかるからです(譲渡価格は記載されていないこともありますが)。単に議事録への記載漏れではなく、取締役会決議そのものをしていない可能性が高いでしょう。さらにもう一つ留意すべきとしては、取締役会決議において、当該案件について社長は特別利害関係人に該当するので、決議から外れなければならない、という点です。

利益相反取引について、取締役会決議さえ行なわれていなければ、コーポレート・ガバナンスに対する意識が低すぎるという心証を抱かざるを得ません。また設例のような取引を行うようでは、利益を出すためならどのような手段も辞さない、という極めて危険な心証も抱いてしまいます。

領空侵犯御免

【会計士のキモチ】

上場前の会社株式の価値、非常に深い問題です。非上場企業の株式については、不特定多数の取引者が参加するマーケット価格がありませんし、法人税や所得税などの税法でも唯一絶対な基準は定められておりません。

そのため、取り得る株価は広い範囲になり、設例のような「明らかに脱税」ということは少ないように思えます。しかし、〝世間相場〟という、ある程度納得感の得られる水準というものは厳然として存在しているものです。そして、これを大きく逸脱してしまうと、必ずどこかにひずみが来ることになります。

ちなみに設例の場合、会社の行った譲渡価格である1億円が〝世間相場の価格〟とみなされたとしますと、社長↓会社の株式譲渡取引も1億円で行われたものとみなされます。その結果、1億円で譲渡した場合に生じる譲渡所得（株式売却から生じた利益）の約20%が課税対象となります。社長としては、会社から適切な代金をもらわないと、税金すら払えない状況になるでしょう。

「無理を通せば道理が引っ込む」という格言の通り、一時の業績をお化粧するために、無理のある取引をしてしまうと、後が苦しくなるという典型例ですね。

【弁護士のキモチ】

今回、「会社に取得させた株式が自己株式だった場合、取得財源の関係でそもそも会社が取得できたのか」という問題があります。取得財源もないのに自己株式を取得してしまうと取締役には民事及び刑事の問題が生じてしまいます。このような問題が生じている場合には、上場もおぼつかなくなってしまいます。

この点については、後述の「弁護士のキモチ　実質的には自己株式取得？」（322頁）をご覧ください。

社長の車と会社のお金

証券会社審査担当者　社長は車で通勤してらっしゃるとのことですが、その車は会社の社用車ですか？

社長　そうです、会社の社用車です。フェラーリに乗ってますよ（ちょっと自慢）。

証券会社審査担当者　……。その車は、社長が運転されて、社長以外は乗られないんですか？

社　長　ええ、その通りです。私が自宅から会社まで毎日運転して、休日もフル活用してますよ（笑）。

証券会社審査担当者　……。

30代から40代前半くらいの社長にしばしば見かけるケースで、またか、という感じです。

これは会社財産と私物を混同しているいい例で、企業経営の健全性の観点から問題となってくるものです。本来会社のお金で買った会社財産であるはずの社用車を、自分の私物と化してしまっています。会社の財産なら、毎日の通勤に使用し休日も自宅にある、ということはありえません。また車のキーも社長が保有しているとのことで、会社財産ならキーを自分だけが持っているというのもおかしな話です。一流企業の役員クラスであれば、運転手が毎日自宅まで社用車で迎えに来てくれるということもありますが、それは社用車の運転を生業とする従業員である運転手が、会社の財産である社用車で迎えに行くという通常の業務の一環であって、根本的に別のものです。

会社のお金で買った車を『会社の財産です』というからには、相応の管理をしなければなりません。社用車管理規程を作り、車を使用するためのルールを規定し、車の所管部署を決め、車の使用申請、使用状況の記録、毎月の走行距離の管理などが必要になってくるはずです。また、自動車通勤をするのであれば、別途マイカー通勤規程を策定し、ガソリン代や高速道路代の請求方法や、遵守しなければならない事項などのルールを規定しなければなりません。

実態として会社の財産ではないのなら、貸借対照表にその車が固定資産（車両運搬具）として計上されていることの妥当性さえ問題になってくるかと思います。

この設例のような場合、証券会社が社長に求めるのは、実態に鑑みて、その車を社長個人に買い取ってもらうというものです。社長個人に買ってもらうことにより、名実ともに会社の財産ではなく社長個人の財産にしていただくというものです。そうすれば、社長が会社の業務に関係なく乗り回していても、誰も文句はいいません。

ただその場合は会社から社長への売却価格が問題になります。簿価での売却ならよいのですが、それ以下の価格での売却だと、会社に損失が発生し、なぜ社長に低廉な価格で譲渡したのかが問われます。

社長が自分ではお金がないため買い取ることができないということであれば、第三者に売却してもらうことになります。このときも譲渡価格は留意しますが、譲渡先についても留意します。というのも会社の子会社に売却して、また子会社から同様に社長がその車を借りて乗り回すということになる可能性があるからです。

なお、これらの場合も、売却先の買取資金を会社が融資してはいけません。

会社のお金で美術品や骨董品を買い付け、会社の規模からすると不相応に応接室や社長室にたくさんおいてある場合も要チェックですね。自宅に持って帰っている人も少なくないと思います。

社用車に関しては、そもそもビジネスにフェラーリやランボルギーニがいるか？　というところですね。ベンツやＢＭＷなら微妙ですが（笑）。

【会計士のキモチ】

この類の話は、業界では一度は耳にするものですが、他の例としては次のようなものがあります。

● **「船舶」～クルーザー**／会社（社長）としては、成績優秀な従業員を乗せてクルージングさせるという福利厚生目的とするため、という説明をされるのでしょうが、大体の場合は、使用管理記録がなく当該目的で利用しているかどうかの実態が不明ということが多いと思います。そもそも事業目的でクルーザーを買う必要がある会社って、観光事業でもやっている会社以外だとどんな会社なのでしょうか？

● **「その他有形固定資産」～美術品**／あまり奢侈なものでなければゲスト用エントランスのところに飾る価値はあると思いますが、酔狂で美術品を大量購入されるのは論外です。「運気が上がるんだよ」などの理由でなされることもありますが、会社経営は運でなされるものではないので、過度なものはやはり困ります。これで会社が資金繰りに窮して、従業員に対して給料未払いとなったら、本末転倒ですよね。このような会社は、上場どころではなくその後破産の道へと進んでいくことになると思います。

設例のような自動車の例は多いですが、殆ど社長が私用で利用している会社名義のベンツSクラスにつき、事業関連性と奢侈性で見直しをアドバイスしたところ、ベンツSクラスを売却してBMW7シリーズに買い替えたというような会社の噂もあります（そういう問題ちゃうって言うのに）。「おらが会社」の意識から、会社にとって必要性の乏しい奢侈な資産を会社に購入させる社長は多いです。

ただ、分かっていただきたいのは、証券会社も会計士も社長の「いい車に乗りたい！」とか、「美術品が欲しい！」という物欲を否定するつもりは無いのです。会社の資産として購入する必要があるのか？ということなのです。

どうしても欲しい場合は、会社を業績向上させることにより、ご自身の役員報酬を上げて、ポケットマネーで購入することがおススメです（限度は勿論ありますが……）。

さもなくば、上場しない会社のままでしたら、外部投資家には迷惑をかけませんので、どうぞご自由に。融資元の銀行は渋い顔をするかもしれませんけどね。

領空侵犯御免

【弁護士のキモチ】

社長のスーツ、靴、時計などや会社の内装などが華美な場合は要注意ですね。小姑のようですが、観葉植物が枯れていたり、会議室の電話機にほこりがたまっているような場合で、会社に勢いがあるような発言を社長がされている場合には「ある意味」で要注意でしょう。

「魂は細部に宿る」の言葉があるように、些末なことですが、パブリックカンパニーを背負う魂があるかないかの試金石はここにあるのだと思います。

3 〔証券会社のキモチ〕 社長の車と会社のお金

調達資金はどこへ行く？

証券会社審査担当者

御社が調達予定の5億円ですが、この資金使途についてお教えください。

IPO準備室担当会社

はい。5億円のうち、4億円を××××に使い、1億円を特許権の購入に充当します。

証券会社審査担当者

特許権の購入とはどのような特許なのでしょうか？

会社 IPO準備室担当

はい、当社の製品の○○は、社長の友人が所有している特許技術によって製造されています。現在当社には資金的余裕はないため、社長のご友人も無償で特許技術を使用させてくれているのですが、上場した暁には、これまでのご恩にも報いるため、1億円を差し上げたいと考えております。

証券会社 審査担当者

その1億円の根拠はどのようなものでしょうか?

会社 IPO準備室担当

社長が感謝を込めて1億円差し上げろ、と申しておりました。

証券会社 審査担当者

……。

上場時の公募・売出しに際し、その資金を提供するのは投資家です。投資家はその企業を育てようという気持ちもあるでしょうが、やはり株価上昇や配当といった投資金額に対するリターンを求めて公募や売出しに応じると考えられます。とすると、不特定多数の投資家から集めた資金を、勝手にどんなものにでも使っていいかというとそういうわけではなく、企業の成長・継続に関わるものに使途が限定されてきます。このため、投資家への勧誘時に配布される目論見書には、「手取金の使途」という項目があり、その中で手取金の総額、使途ごとの金額・内容・充当時期を記載することが求められており、企業が調達した資金をどのように使用するかを投資家に開示することが求められています。

証券会社の審査では、証券業界の自主規制規則により、今回調達する資金の使途だけでなく、過去に市場から調達した資金の使途についても、開示されている内容と異なることに使用していないか（設備投資として調達しておきながら、運転資金や借入金の返済に充当するなど）、審査することになっています。

このように、調達資金の使途については、投資家から資金を提供していただく以上、審査の過程で必ずその内容を確認することになります。設例にあるように、社長の気持ちもわからないでもないですが、少なくとも1億円の根拠が必要になってきます。設例のやりとりから、どうやら1億円の根拠はなく、社長の言い値になっているようです。価格に恣意性が働いているようでは合理的な根拠があるとは言えず、その特許が当社にどれくらいの恩恵をもたらすかを踏まえ、専門家を交えて算定することが必要です。ちなみに設例の会社では、当該特許技術を使用した製品は全体のごくわずかであり、収益にも殆ど貢献しないものというのが判明し、特許を購入どころかその製品の製造・販売自体も見直すことが必要、との結論になりました。結局、社長としては個人的に何らかの恩義がある親しい友人に1億円をあげたかっただけなのかもしれません。

さらに邪推になりますが、社長はその1億円の中から、半分程の5千万円ほどキックバックしてもらい自分のポケットに入れることを考えていたとか、その友人は反社会的勢力とつながりがあり、反社会的勢力の資金源として利用されるかもと想像は広がっていきます。審査とはそういうことを考えながらやっていくものです。

いずれにしても、調達資金の使途については、具体的な使用目的とそこから期待される効果を合理的根拠を以って説明できるようにしなければなりません。

【ＩＰＯコンサルタントのキモチ】

「資金使途」の記載内容、最近これに悩む会社も増えてきているように思います。

ＩＴ系やサービス業など、あまり多額の設備投資をしない会社などは、ＩＰＯ前からキャッシュがだぶついている場合もあります。ある程度の開発資金以外、ヒトとオフィスくらいにしか資金の使い道がないからです。他にあるとすればＭ＆Ａ。次の成長戦略のために、事業関連性のある企業を買収するというものです。

しかし、届出書には「Ｍ＆Ａに使います」とは記載しないのが通例のようです。Ｍ＆Ａなんて、いつ対象企業が出てくるか分からない上に、仮に具体的な対象企業が確定していれば「買収後に上場審査をします」と言われＩＰＯを延期されるのがオチだからです。結局、苦し紛れの資金使途が記載されることになります。よく見ていると、そんな会社もチラホラ見受けられるので面白いです。

ちなみに、このようなキャッシュリッチな会社は、ＩＰＯ直後は利益率も良いためもてはやされるのですが、それが何年も続くと「調達した資金を生かし切れていない」とか「余っているなら自社株買いで還元しろ」とか言われだします。中途半端な所にお金を使って失敗するよりは、よほど良いと思うのですがね。株主は気まぐれで、自分勝手な人もいますので……。

【証券会社審査担当者のキモチ】

資金使途に、「運転資金」と書いてある会社は苦し紛れっぽいですね。あまりキャッシュリッチすぎると、上場後はM&Aする方ではなくM&Aされる方の対象にもなりかねないのでご注意を。

【弁護士のキモチ】

現金を持っているのに株価の低い会社は、確かにTOBを使ったM&Aの対象となる可能性は十分にありえますね。ちなみに資金使途の変更はいつでもできるので、調達した資金を目的外で使用することは可能ですが、あまりにもその期間が短いと、当初から別目的で使用するつもりだったのではと、有価証券届出書の虚偽記載を疑われますのでご注意を。なお、防衛目的での使用は結構大変ですので、資金があるから対応はいくらでもできると安易に考えるのは問題です。

ストックオプションについて

会社財務担当者

ご存知の通り、弊社は資本政策に失敗しておりまして、オーナーである社長の持株比率が低く、今のままですと上場後は公募によりさらに持株比率が低下してしまいます。このため社長に対し今のうちにストックオプションを付与したいのですが、審査上問題になりませんか?

証券会社審査担当者

持株比率の維持が目的なのですね。どのくらい付与したいのでしょうか?

会社財務担当者

○○株を考えています。

証券会社審査担当者

すると、現在すでに発行している××株とあわせ、ストックオプションは全部で△△株ですね。発行済株式総数に対する割合はええと、40％以上になりますね。

会社財務担当者

そうなんです。潜在株比率が高いような気がするので心配になりまして、お尋ねしたんです。

証券会社審査担当者

そうですか。事前のご相談有難うございます。結論から言うと、ストックオプションの付与は審査上問題になるため、控えてください。

会社財務担当者

ええっ!?（ガーン。どうしよう……。）

この設例は資本政策に失敗し、オーナー社長の持株比率が下がってしまったので、ストックオプションを付与しておくことにより、ある程度の潜在的な議決権を確保しておきたいというものです。

上場後においても、安定株主である自社役員によって議決権の過半数を確保していれば株主総会の普通決議を通せますし、議決権の3分の2を確保しておけば特別決議もすんなり通ります。また3分の1でもあれば、特別決議に対し拒否権を持っているのと同義になります。このように株主総会の円滑な運営のためのほか、敵対的買収への対策としても、ある程度の議決権は確保しておきたいところです。

ただ、新株発行による持分比率向上をする場合、その対価として多額の現金が現時点で必要になってくるため、そのような資金がない人には実株への投資はなかなかできません。この点ストックオプションであれば、現金が必要とされるのは実際にストックオプションを行使するときですし、行使するタイミングも、株価が行使価格を上回っている時期を選んで行使すればよいわけですから、実株を持って株価の下落リスクにさらされるよりもずっと使い勝手はよいです。

上場前にストックオプションを付与しようとする背景は、ストックオプションを発行するためには株主総会が必要となるため、上場後では不特定多数の株主ができることから承認を取りづらくなること、上場後は未上場時よりも株価が上昇している可能性が高いため、ストックオプションの行使価格が高くなり不利となることが懸念されることなどによるものです。

ただしストックオプションは行使されれば、発行済株式総数が増加することにより、1株利益の金額は希薄化され小さくなることから、株価の下落圧力や1株当たり配当金の減少要因となってきます。このため、ストックオプションを発行している多くの新規上場会社は、投資家に配布する有価証券目論見書での開示に加え、「事業等のリスク」として、発行済株式総数に対してどのくらい潜在株としてのストックオプションがあるかを記載し、投資家に注意喚起をしています。そしてこの潜在株比率（潜在株／発行済株式総数）が20％を超えるようだと、多くの証券会社はリスクが大きいとして、そのままでは上場させてくれません（この比率は証券会社によっても明確な基準がない場合が多く、10％以上でも多いと判断されることもありえます）。特に設例では、社長へのストックオプションの付与理由が社長の持株比率の維持であり、本来インセンティブを目的とするストックオプションの趣旨に合わないため、ストックオプションの付与は認めがたいことになります。すでに付与されている場合には、現金を払い込んで顕在化していただくか、放棄していただくことを検討してもらうことになりそうです。

もうひとつストックオプションで気をつけねばならないことは、ストックオプションの費用化です。未上場会社の場合には費用計上されることはないと思われがちですが、決してそのようなことはありません。ＩＰＯ企業でも、稀にですがストックオプションを費用計上している会社があります。ここでは詳細を述べませんが、行使価格が直近の株式の発行価格・譲渡価格と比べてどのようになっているかは審査でも必ず確認する事項の一つです。直近での事例がないのであれば、株式同様、行使価格の算定書を取り寄せるなど、行使価格の客観性に留意する必要があります。

費用計上の有無の妥当性という観点だけではなく、ストックオプションの行使価格や実株の発行価格・譲渡価格の妥当性については、恣意的な価格をつけることによって不当な利得の獲得に利用されていないかという観点からも、慎重に審査していくことになります。

領空侵犯御免

【会計士のキモチ】

証券会社の方に代わり、簡単に述べましょう。

現行の会計基準では、ストックオプションは従業員のインセンティブ目的で用いられるなど、労働やサービスの対価として付与させることが大半です。そのため、オプションの適切な価値（「公正な評価額」といいます）を、サービスを受ける期間に応じて費用化していくことになります。たとえば社員に対するオプションの場合は、オプション付与から権利行使が可能になる期間にわたって、給料として費用計上していきます。

一方、非上場企業の場合は、オプションを発行した時点の株価との権利行使価格との差額（「本源的価値」といいます）がゼロの場合は費用化せずとも良い、という特例があり、この特例を用いて費用化なしで済ますのが一般的です。

また、税制的な検討（「税制適格ストックオプション」の制度活用や、ストックオプションの時価発行）も必要となりますので、ぜひ事前にご相談ください。

設例のような場合は、おそらくＩＰＯの直前でストックオプションの行使を行い、潜在株式比率を下げることになると思います。その場合、権利行使により払込を行いますので、経営者サイドもそれなりの資金が必要となり、個人で銀行などから借入をするなど、さらなるリスクを背負い込むことになります。万が一、何らかの理由でＩＰＯが延期にでもなったら、目の前が真っ暗です。

経営権維持のためには必要なのでしょうが、自身のリスクに合わせてストックオプションの活用の範囲を検討して下さい。

領空侵犯御免

【弁護士のキモチ】

発行できる株数を定めた授権枠さえ、遵守していれば法律上は問題ありません。ただIPOの話となると、潜在株式比率についての基準はありませんが、10%を越えると「青」信号とは言い切れなくなります。15%は「黄」信号。20%となるとそろそろ「赤」信号、25%で完璧に赤信号というのがイメージではないでしょうか。原則論なので例外はあると思いますが……。

3 〔証券会社のキモチ〕 ストックオプションについて

証券会社の審査って、何のため？

会社 IPO準備室担当

証券会社さんって、非常にうるさいですよね。あれはダメとかこれはダメとか、重箱の隅をつつくような質問をしてくるし……。

証券会社 審査担当者

大変申し訳ありません。ですが、これは御社が上場企業としてふさわしくなるために必要な過程でして。

会社 IPO準備室担当

それはわかるのですが、証券取引所だけでなく証券会社が審査する権限とか根拠って、一体何なのでしょうか？

証券会社審査担当者

え～と、それは……。

証券会社が審査の根拠とするのは、金融商品取引法第17条の有価証券目論見書の使用者としての責任と、第21条の有価証券届出書の虚偽記載の責任です。有価証券目論見書は、投資家が投資判断の拠り所とするもので、公募・売出しを行なう際には、証券会社は必ず投資家に交付しなければなりません。有価証券届出書は、目論見書とニアリーイコールな書類で、発行会社が公募・売出しを行う際に財務局に提出しなければならない書類です。二つとも非常に重要な書類のため、これに問題があった場合には、有価証券の発行会社だけでなく証券会社もその責任が問われることになるため、そのリスクを回避するために証券会社は審査を行うわけです。

この他に平成19年7月から、日本証券業協会の自主規制規則の中で特定の具体的な項目について審査しなければならない旨が明示されています。

ただ実際には、この具体的各項目の審査を行なうのは当然なのですが、証券会社が最も恐れるのは、取引所の審査をクリアできるかどうか、というところです。証券会社の審査で問題なしと判断したことについて、万が一取引所の審査で引っかかり、改善を求められることになれば、改善プラスその後の確認期間の確保ということで、上場スケジュールが大幅に遅れることになりかねないからです。

取引所に申請するまでもなく、証券会社の審査の段階で推薦不可と判断した場合には特段問題ないのですが、証券会社が問題なしとして取引所に申請したにも関わらず、取引所で問題ありとして審査がストップした場合には、申請した証券会社の面子にも関わってきます。

ですから証券会社の審査が厳しいのは、取引所の審査に対する事前確認という意味も含まれているのです。実際、この点は取引所も重点的に審査しているからこちらもかなり細かいところまで見ておこうと思い、会社に嫌な顔をされつつ厳しく審査していたところ、やはりその後の取引所の審査の際にも細かく審査され、結果的にあのとき厳しく審査されていなければ耐えられなかった、という感謝の言葉をもらったこともあります。逆に、まぁこれくらいできてればいいかと思い、甘い審査で済ませ、後の取引所審査で問題点として指摘され、大変苦労した苦い経験もあります。

審査といっても、(取引所でも同じだと思いますが)何も落とそうと思って審査しているわけではありません。悪いところがあれば直した上で、取引所の審査に耐えられ、投資家の投資対象としてふさわしい企業になった上で上場して欲しいと思っているだけです。

また厳しい審査に耐えられるレベルの体制を作っていただくことが、取引所における審査対策だけでなく、上場後の管理体制においても非常に重要だとも思っています。

審査＝敵、ウルサイ、などと思わずに、「厳しいお父さん」的な感覚で協力的に接していただけたらなあ、と会社の方にお話ししてみたいですね。

領空侵犯御免

【弁護士のキモチ】

証券会社の引受審査を法務面から補完する法務デュー・ディリジェンスも、うるさくしつこい敵として嫌われがちです。我々も悪意を持って接しているのではなく、証券会社さんと同じく、悪いところがあれば直した上で、取引所の審査に耐えられ、投資家の投資対象としてふさわしい企業になった上で上場して欲しいと思っているだけなのです。もちろん、我々からの質問や要求があまりにも多くて、つい愚痴や文句を言いたくなるという気持ちも分からないわけではありません。ただ、我々と喧嘩をしたところで、会社は良くならず審査も進まないという悲しい結果だけが残ってしまいます。良い結果を得るための努力は必要不可欠ですが、それはIPOも同じ。このことを念頭にぜひ皆で協力し合いながら会社を良くしていきたいですね。

領空侵犯御免

【VCのキモチ】

審査＝敵だなんて思っているんでしょうかね。ＩＰＯすると決めて審査に臨んでいるわけですから、そこまでではないと思うのですが。ＩＰＯ審査に対応するため、専門のチームや部署を作る場合と、専門チームを設置せずに日常業務をやりながら審査対応も行う場合と両方あると思います。どちらにしろ、審査期間の数ヶ月間、鬼のような質問攻撃が証券会社から投げ入れられます。会社は、それをひとつずつ拾って速やかに投げ返さなければなりません。他で回答したことと今回の回答のロジックを合わせておかないといけないですし、新たな突っ込みが生まれないようにスキを作らないように回答しなければなりません。そんなとき、会社側に審査経験のある証券会社出身者がいると、証券会社のロジックに合わせた対応ができるので、やりとりがスムーズになるように思います。

審査から上場日まで、非常に緊張した、そしてストイックな環境が審査対応の担当者に広がっています。上場するまでは、お祭りのようなオリンピックのような特別な時間が流れます。しかし上場してしばらく経つと、いつもの平穏な日々に戻ります。緊張の糸が切れた担当者は、会社を去っていくこともしばしば。やはり、それくらい審査対応は大変だということですね。

4

会計士のキモチ

適正なんて言えるか！

——とある会社での会議室にて、監査法人の会計士による財務諸表監査中のやりとり——

会計士

○○部長、この勘定明細に載っている工場の仕掛品なのですが、我々が御社の棚卸に立ち会った際には、この明細に記載されているくらいよりももっと前段階の進捗度だったと工場の方から説明を受けています。

経理部長

はぁ？　それは工場の担当者がきちんとおたくに説明しなかったからでしょう。私への報告はこの明細に書かれているとおりですよ！

会計士

いえ、我々は現場でこの現物を拝見してきていますので、こんなには進捗していなかったと思います。

経理部長

貴方達は確かに会計のプロかもしれませんが、私たちはこの製品で商売をしているプロなんですよ！ 貴方達シロウトにこの製品の製造過程の進捗度なんてどうやって分かるんですか？

会計士

そう言われても、こうやって立会の監査調書に、仕掛品が製造ラインの初期段階であると記録で残っており……。

経理部長

貴方達は黙ってこの明細の計上額を確認すればいいんだよ。顧問税理士だって問題ないって言っているんだから、会社がやることにつべこべ口出しするんじゃないよ！

会計士

……（唖然）。

設例のケースは棚卸資産の中でも製造途中で決算日を迎えた仕掛品に関しての決算の計上額に関するやり取りです。仕掛品は製造工程に入っていますので、投入された材料費の他に、労務費、製造経費もかかっており、期末決算においてはこれらも含めて棚卸資産としての仕掛品を計算して資産に計上する必要があります。そして、資産として計上する金額は、仕掛品がどの程度完成品に近づいたかという程度（これを進捗度といいます）に基づいて計算されます。

一方で、仕掛品の進捗度がよく分からない場合は、見る人によって進捗度も異なってくることになります。これに乗じて進捗度を実際よりも過大に評価した場合はそれだけ労務費、製造経費のうち棚卸資産に含まれる金額が大きくなり、その結果、製品の製造原価（売上原価）が少なくなりますので、利益は増えることになります。実際、利益操作を行いたい場合にはよく使われる手段です。たとえば仕掛品の進捗状況に関する定義やルールが、予め定められていれば相互に認識が異なるということはないのですが、ルールが無いことを逆手にとって利益調整が行われているように考えられる場合が、監査を担当する会計士にとって一番辛いといえましょう。

財務諸表監査を実施して、会社の財務諸表に監査報告書を発行するということは、〝お墨付き〟を与えるいわば連帯保証に似たようなものです。会計士も自身で納得できない会計処理の連帯保証は困難です。

領空侵犯御免

【証券会社審査担当者のキモチ】

確かに仕掛品（棚卸資産）を利用した粉飾って、結構聞きますよね。証券会社の審査だと、製造業なら原価計算に関するルールが作られ、きちんと運用されているかを規程・マニュアルや業務フローチャートの閲覧などで確認していきますが、実態が伴っているかまでは実査を通してもなかなか確認できないというのが実情です。『棚卸資産や売上原価の推移を見て、大きく変動していればその理由を確認する』という過程において、数字が間違っていたということが判明することも稀にありますが、基本的に証券会社の審査で設例のような粉飾まではなかなか見抜けません。ですから、ここらへんはやはり会計士の監査に依存してしまうところが大きいですね。

4 〔会計士のキモチ〕 適正なんて言えるか！

〃監査〃法人なんです

――期末決算の監査初日の会話――

経理部長

やぁやぁ先生、前にもお話したと思いますが、期末直前に他社を2社ほど買収したんですけど、当期から連結財務諸表を作らなきゃいけないんですよね？

会計士

えぇ、そうですね。総資産などの各指標も御社の規模と比べて、連結財務諸表は作成しなければならないですね。

経理部長　やっぱりそうですか。先生、モノは相談ですが、当期から監査報酬の方も上げさせていただいておりますし、先生の方で連結財務諸表を作成していただけないものかと。

会計士　いえ、それは独立性の観点から問題がありますので、我々ではお受けしかねます。

経理部長　そんな固いこと言わないで。作っていただければ監査も終了しますすし。

会計士　ですが独立性の観点から御社の開示書類関係を我々の方で作成してはいけないんですよ。

経理部長

何のためにあんな高い報酬払っているんですか？ボッタクリじゃないですか、少しは会社のためになって下さいよ！

会計士

……。

監査を担当する会計士が、仮に企業側に立って財務諸表や連結財務諸表を作成しているとしたら、その財務諸表などは社会的に信頼できるものでしょうか?

専門家が作成しているから問題がないという話ではなく、監査を実施した結果として財務諸表などが適正であるかどうかが、本来の守備範囲でなければならないところ、あたかも報酬を受領して作成代行を担っているとして、監査の独立性が阻害されているのではないかと見られる点が問題なのです。

監査人の独立性には、精神的な独立性と外見上の独立性があります。

精神的な独立性は、判断を中立に行い、信頼のおける客観的な専門家としての懐疑的な見方を全うできる状態をいいます。外見上の独立性は、第三者からみて、専門家としての信頼性や懐疑主義が全うされている状態が保たれていることについて、疑惑を招かないような行動をとっていることや状況を維持することです。

会計士のサービスのうち、証明業務（監査、レビュー）はステークホルダーからも独立性が要求されます。一方、記帳代行、給与計算および支払業務や年金管理業務などの非証明業務について会計士は依頼されれば業務はできないことはありませんが、仮に証明業務を受託している場合、独立性を維持しながら、非証明業務についてどのようなサービスを顧客に対して提供できるかを考慮する必要があります。

たとえば設例のような、クライアントになり代わって会計士が財務諸表などを作成したり、その他伝票を作成したり、仕訳をいれたり、勘定科目の設定を変更したり、計上方法を変更することや、取引を承認する行為、各種証憑などの原資料を作成する行為などは、精神的及び外見上の両者においても独立性が維持されていないといえます。従って、監査などの証明業務を委託している会社におかれては、委託している会計士には同時提供が禁止されている業務があることをご理解いただきたいと思います。

領空侵犯御免

【証券会社審査担当者のキモチ】

原則として、上場会社には財務諸表・連結財務諸表や有価証券報告書、税務申告書等は全て自社で作成することが求められます。ただ、重要な部分は自社で行なうものの、一部をコンサルタント会社などに手伝ってもらうというのは可能です。その場合でも、もちろん監査している会計士の先生にお願いすることはできませんが。

設例の場合、直前期にグループ外の重要性のある会社を連結子会社化するというのは、その会社の企業実態を把握しにくくしますから、証券会社の審査で問題となる可能性が出てきます。ですから、必ず事前相談をしていただきたいです。特に申請期に申請を予定していた会社が実質的な存続会社と認められないような合併をすると、不受理となってしまう可能性があります。

また、新規連結子会社について、子会社化されるまでの財務諸表とそれに対する監査意見が必要になってきたりしますので、監査法人にその監査意見を出すことができるかどうかも確認することが必要です（出せない場合は申請期を延期することになりかねません）。

〝税理士〟でもないのです

――とある会社の会議室で監査を実施中のとき、社長が突然会計士を訪ねて――

社長　あぁ先生、今日は我が社に来られていたんですね。丁度よかった。

会計士　社長、ご無沙汰しています。業績が良さそうですね。

社長　まあね。ただこの状況だったら税金がかなり増えちゃいますよねぇ。

会計士　しょうがないですね。儲かっているんですから。法人税額が増えちゃうのも当然ですよね。

社長　（スナックの領収証をポケットから出して）それでですね先生、私、結構得意先の方をお連れして接待することが多いのですが、この間税法の改正で交際費の損金算入限度が増えたって……。

会計士　社長、ちょ、ちょっと待ってください。御社にはちゃんと顧問税理士さんが居られますよね？　税理士先生にはご見解を伺ったのですか？

社長

ウチの税理士は税務署OBなものでして、税務署が嫌がることを嫌うんですよ。あまり保守的に処理しろなんて言われても、税務署と闘ってくれないと税金が減らないもので。

そうそう、会計士さんって税理士さんになることもできるんですよね？　だから先生方にも税務についてご相談したって構わないですよね？

会計士

そう言われましてもですね。私たち監査に携わる人間は税務をしていませんので。それに税理士登録してませんし、監査する人間が税金の金額に携わるようなことをしたら、それこそ独立性で問題になるんですよ。

社長　何だよ、使えねぇなぁ。独立性独立性って、高い報酬払ってこんなことにも答えられないのかよ。

会計士　**そんなこと言われても……。**

社長がおっしゃっているとおり、公認会計士は税理士法第3条第1項第4号の規定により、税理士試験を受けずに税理士になることが出来ます。但し、公認会計士が税理士になるためには必ず税理士登録をしなければならず、登録が行われていなければ単に公認会計士のままです。

世間的には公認会計士と税理士を混同される方が非常に多いようですが、両者の業務内容は以下の通りです。

●**公認会計士**　公認会計士法第2条第1項に規定する「他人の求めに応じて報酬を得て、財務書類の監査又は証明をする」業務、同条第2項に規定する「公認会計士の名称を用いて、他人の求めに応じ報酬を得て、財務書類の調製をし、財務に関する調査若しくは立案をし、又は財務に関する相談に応じる」業務を営む資格をいい、特に企業の財務諸表に関する適正性を証明する監査業務は公認会計士のみに付与された独占的業務となっています。

●税理士　税理士法第2条において、「他人の求めに応じ、租税（印紙税、登録免許税、関税、法定外普通税（地方税法（昭和25年法律第２２６号）第13条の３第４項に規定する道府県法定外普通税及び市町村法定外普通税をいう。）、法定外目的税（同項に規定する法定外目的税をいう。）その他の政令で定めるものを除く。以下同じ。）に関し、①税務代理　②税務書類の作成　③税務相談の業務」を営む資格をいいます。

従って、両者は業務内容が異なり、会計士は税理士になれるということは広く知られていても、それは登録していればの話。会計士が独立性云々を口にするまでもなく、社長の様な税務相談は税理士としてキチンと登録をしている専門家にご相談することがスジです。

追撃本音弁論

【会計士のキモチ】

世にいう士業のなかで、会計士ほどわかりにくい職業もないのではないでしょうか？　一般の方で、税理士と会計士の区別がつく方は、どれだけいらっしゃるでしょう……。

会計士の業務範囲は設例にある通りですが、つまるところ「日常的に身近な仕事ではない」のが原因なのでしょうね。弁護士は犯罪に巻き込まれれば誰でもお世話になりますし、税理士の扱う税金も相続だ何だで耳にすることも多いでしょう。医者に至っては、言うまでもありません。かたや会計士は、「上場企業」の決算書を監査することが仕事。上場企業の決算開示の仕組みを知らない人には、全く理解してもらえないでしょう。そういう特性を反映してか、TVドラマなどでも会計士は登場しにくい状況にあります。弁護士、税理士、医師などは、冠に〝悪徳〟を付けて登場するシーンをよく見る一方で、会計士はサッパリです。とにかく、陰が薄いのです。

まあ、自己顕示のためにこの仕事をやってはいないので、影の薄いこと自体は良いのですが、会計士と付き合いの短い経営者の中にも、意外と会計士の仕事を理解してもらえないことが多く、苦労します。設例なんかは、良い例ですね。もうひとつ言えば、会計監査という仕事は、

追撃本音弁論

受益者と負担者が異なっているため、感情的にも理解されづらいことも挙げられます。たとえば、弁護士はクライアントが命よりも大事。報酬を払ってくれるクライアントのためなら、黒いカラスも白と言う職業。報酬を払うクライアントも、それが安心感につながるわけです。

一方で会計監査では、報酬はクライアントである上場企業が支払いますが、監査報告書の恩恵にあずかるのは、その会社へ投資をしている（しようとしている）投資家。理論的にはクライアントは、お金だけ払って、何の恩恵にも与れないばかりか、時には「監査意見を出せません」と経営破綻の引き金を引かれてしまうことだってあります。

「それじゃ、ぼったくりかよ」、お気持ちは分かります。ただ、資本主義の先達である欧米諸国では、数百年この制度でやってきてしまっている以上、おそらく制度の変更はありえないでしょう。変更できない以上、今の枠組みでどうやっていくべきか。

制度に抵触しない範囲で、クライアントの相談に乗ってくれる会計士は大勢います。そういう人を見つけてつきあっていくしかないのでしょうね。

【弁護士のキモチ】

会社からの要望に合わせて様々なスキームや法的構成を考えるのは弁護士の役割ですが、社会的影響について、コメントするのは本来の仕事ではありません。そして、弁護士の大事な仕事のひとつには、本当に無理なことは「無理」と諭すということもあります。もっともその発言ができるまで力量を上げて、信頼関係を積み上げているのが前提ですが。

〝オレが会計基準だ〟って誰が決めたの?

会計士

○○部長、御社の子会社A社の貸借対照表・損益計算書を拝見させていただいたのですが、ここ数年赤字続きで欠損状態となっていまして、同社の持分が取得価額の50%を下回っているので、同社の株式の減損処理をご検討いただきたいのですよ。

経理部長

何ですって? 我が社はA社の将来性に賭けて株式を取得したんですよ! 減損なんてする必要ないじゃないですか!

会計士

減損処理しないとするならば、A社は関係会社でもありますし、同社の中長期計画で回復のシナリオが現実的なものであれば認められますが、資料はございますでしょうか？

経理部長

そんなものなくたって、ウチの会社がバックについているんですからすぐにでも業績は回復しますよ。それとも先生は私を疑っているんですか？

会計士

いや、疑っているとかそんな話じゃなくて、金融商品会計基準どおりに会計処理をしていただかないと監査法人としても見過ごすことはできないんですよ。

経理部長

だから、私が大丈夫って言っているじゃないですか！
A社は来期以降バラ色ですから回復のシナリオは我々
会社の役員の間では頭の中に入っていますって。

会計士

……（何ちゅう強引さだ）。

金融商品会計に関する実務指針283-2項において、保有する非上場の有価証券の実質価額が50％程度以上下落した場合には、一般的に回復可能性がないものと判断され、減損処理をしなければなりません。これは、市場価格のない株式の実質価額の回復可能性を判断するためには、当該株式の発行会社の財務諸表を時価評価した実質ベースで作成したり、中長期計画などを入手して財政状態の改善の見通しを判断することが必要ですが、関係会社ではない外部の会社に対してはこのような手続きを要求をすることは困難であるため、その下落率のみによって減損処理を行うことが妥当とされています。

しかし子会社や関連会社の場合には、右記のような手続の要求が可能であり、その結果回復可能性が十分な証拠によって裏付けられれば、減損処理を行わないことも認められます。

このように、細則で会計処理に関する指針が定められているものが多く、いわゆる〝経営者の判断〟としての会社の意図とは別に、一定要件を備えるものについては各基準どおりに会計処理をしなければ「交通違反」に該当することとなります。

この設例において、会社の経営者側の立場に立てば、会社のためになると考えて株式取得を意思決定したものでしょうから、減損処理について抵抗があることの心情は理解できますが、ルールはルール、減損しなくてよいとする中長期計画などの裏付けを作成していないのでは、どんなに優秀な弁護士を付けても、会計士に減損見送りを説得することはムリだと心得てもらいたいと思います。

経理部長さんは会計士に自己の考えをゴリ押しするのではなく、減損が疑われるような保有株式が生じた場合に必要な書類、その中身について会計士の意見も踏まえながら資料を準備していただきたいですね。そうすることによってお互いが納得できる結果をもたらすことができるのです。

領空侵犯御免

【証券会社審査担当者のキモチ】

証券会社の審査では、経理部長はもちろん、その上司である担当役員から部下の経理部員まで、全員の経歴・役割分担を確認したりします（規模が小さい会社ほど余計に細かい確認になります）。そして各人のこれまでの経験や、書面による審査質問回答、審査ヒアリング時の対応などを見て、経理部門担当役員・部長・部員にふさわしい人材かを見ています。表面上の数字や回答の字面だけを追って審査しているわけではありません。数字の間違いなどでしたら、これから一緒にがんばりましょう！　ともいえるのですが、この設例のような部長さんだと、経理部全体の問題として、平気で粉飾とかやりそうだな、という悪い心証を持ってしまいそうになりますよねぇ。

だけどボクたちも反省……

―― ある日、監査法人の担当会計士が経理部長に電話 ――

会計士

ああ、部長どうも。来週から期中の取引記録の監査に伺いますので、宜しくお願いします！

経理部長

えっ？　来週からですか？？　お約束してましたっけ？？？

会計士

約束とかじゃなくって、来週から貴社の監査チームのメンバーの日程が空いたんで、来週に期中監査を終わらせておきたいと思うんですよぉ。

経理部長

そんなこと言われても、来週からは月次決算の締めで経理部員は残業しなければなりませんし、売上記録を監査されるとしても営業所長クラスは来週から研修ですから、先生方に対応できる人間はいませんよぉ。せめて、前月以前に今月のこの週に監査に来るなどの事前のご連絡をいただかないと対応は難しいです。

会計士

我々だって、決算以外に期中の取引記録を監査することが我々監査法人のマニュアルで決められていますから！部長、何かまずいことがあるから監査を拒否しているんですか？ 監査ができないと監査報告書は出せませんよ！

経理部長

そんな無茶苦茶な……。

本来、監査法人は契約クライアントから報酬を得て監査業務を行いますので、報酬をもらう側が払う側の会社に対してこんなことを言うなんて、ちょっと信じられないかもしれません。しかし、このような会計士の信じられない横柄な言動が、監査法人の規模を問わず会社に対して行われているということを、監査法人の会計士である筆者はよく耳にしております（筆者は勿論こんな言動はしていませんことを申し添えます）。

何故このような横柄な言動を行う会計士が増えたかということの背景に際して、まず金融庁による公認会計士・監査法人の検査が厳格になったことを理解していただく必要があります。

金融庁においては、金融機関に対する監督局、証券会社に対する証券取引等監視委員会と併せて、公認会計士・監査法人に対する検査部署として公認会計士・監査審査会という部署が２００４年４月に設置され、財務諸表監査を行う公認会計士・監査法人に対して「品質管理レビュー」と称する立入検査などにより監視・監督を行っています。この「品質管理レビュー」の制度が導入されて以降、各監査法人・公認会計士に対して監査業務の品質管理体制について非常に厳しいチェックが行われています。問題点が発見された場合は指導勧告、さらには懲戒処分（公認会計士又は外国公認会計士に対する懲戒処分としては、戒告、２年以内の業務の停止、登録の抹消があり、監査法人に対する処分としては、戒告、２年以内の業務の全部又は一部の停止、解散を命ずる処分があります）が下され、その中で名だたる監査法人が消滅していったことはご存じの通りだと思います。

このような中で、以前までクライアント獲得合戦に奔走していた監査法人は、手のひらを返したように監査先クライアントに厳しい対応で品質管理レビューに足る水準を要求します。これに達しないクライアントは、監査法人の方から契約を解除し、報酬を得る側に契約の意思決定主体がシフトしたという、一般的な経済取引では考えられない様な事態が起こりました。

また、各監査法人内においては、日々監査調書の作成に追われ、前途有望な若い会計士たちへのビジネスマナーも含めた教育研修がしっかりと施されなかったこともあり、設例の様なやりとりが本当に行われているという事態になりました。

しかし本来、品質管理レビューは監査品質の向上のために設けられた制度であり、監査法人による企業の圧迫を目的としたものではありません。監査法人・公認会計士は自分たちの社会的存在意義に立ち戻り、「公認会計士は、常に品位を保持し、その知識及び技能の習得に努め、公正かつ誠実にその業務を行わなければならない（公認会計士法 第1条の2）」ことを心がけなければならないと自省を込めて考え直すべきです。

勿論、企業側からの公認会計士に対する無理難題はいけませんが、両者が適切なディスクローズ（企業内容の開示）のために、一定の距離を保ちつつ、信頼関係を構築していくことが必要です。

【証券会社審査担当者のキモチ】

これは我々証券会社の審査マンにも当てはまりますね。会社の話も聞かず、実態に合わない無茶な要求をするなどは、しばしば聞く話でもあります（特に新興市場に上場を考えている会社に対して）。我々もきちんと会社の実態を把握し、会社の声に耳を傾けないといけないと思っています。

設例のケースとは真逆に、会社からゴリ押しをされるケースもあります。『審査スケジュールはここからこの間に終わらせて欲しい』ですとか、特によくあるのが申請時期の延期についてダダをこねるケース。

審査中にある問題が出て、その確認のために1ヶ月遅れますよ、というのをなかなか聞いてもらえなかったりします。これらについては、合理的な説明をもってお互いに納得できるようにしたいですね。

4 〔会計士のキモチ〕 だけどボクたちも反省……

研究開発費の処理

社長

我が社の業界は製品のライフサイクルが短いんで、次世代製品の開発で結構お金がかかるんですよ。

会計士

いやぁ、ホントそうですよね、競合他社も次から次に色んな製品出してきますからね。
（ふと、監査前の決算書を眺めながら）ところで社長、この繰延資産の「開発費」っていうのは何ですか？

経理部長

それは私の方から説明します。社長が今申し上げた次世代製品の開発コストなんですけど、新製品の開発が我が社の命なので、先生方もよくご存じの通り〝費用収益対応の原則〟から、この開発コストは資産計上して、製品が上市した後で償却しようと思っているんですよ。おかしくないですよね？

会計士

いやお気持ちは分かりますが、実は〝研究開発費〟ならば一括で費用処理しなければならないというルールになっているんですよ。これは認められませんね。

社長

君、何かね？　我が社の研究開発には将来性が無いとでも言いたいのか？

経理部長

そうですよ先生、財務諸表等規則にも「開発費」って繰延資産があるじゃないですか？　我が社は将来投資をしていかないと他社に置いて行かれることはお分かりでしょ？　将来の収益に対応させるのがあるべき姿じゃないですか。

会計士

（ボクじゃなくて企業会計審議会に文句言ってくれよぉ。）

研究開発費の処理については、現行制度と将来の見込の2つのポイントからご説明します。

【現行制度】

繰延資産として資産計上が認められる〝開発費〟とは、「新技術又は新経営組織の採用、資源の開発、市場の開拓等のため支出した費用、生産能率の向上又は生産計画の変更等により、設備の大規模な配置換を行った場合等の費用」であり、一方でこのような費用のうち「経常費用の性格を持つものは含まない」となっています（財規ガイドライン36⑤）。

経常費用の性格が含まれないとなることにより、企業の「研究」（＝新しい知識の発見を目的とした計画的な調査及び探求）と「開発」（＝新しい製品・サービス・生産方法についての計画もしくは設計又は既存の製品等を著しく改良するための計画もしくは設計として、研究の成果その他の知識を具体化すること）の「研究開発活動」については、企業間の比較可能性を最優先事項として（要は効果が将来の何時に具現化するかを明示できないものを各企業でバラバラに会計処理されても困るということ）全て一括して費用処理することが求められています（「研究開発費等に係る会計基準」平成10年3月13日企業会計審議会）。

設例の社長・経理部長の背景、諸事情は理解できますが、現行制度では繰延資産として計上できる開発費の範囲が「新経営組織の採用」「市場の開拓」など研究の性格を有さず、かつ非経常的なものに限定されますので、設例のコストは一括費用処理されることとなります。

【将来の見込】

現行制度は一括費用処理を要求していますが、昨今巷で騒がれている「ＩＦＲＳ（国際財務報告基準）」が日本の上場企業で強制適用となった場合、研究開発費は次の様な処理をすることが予想されます。

●研究費：特定の製品への適用を意図していないので、発生時に費用処理（現行制度通り）
●開発費：実用化・販売が確実ならば〝無形資産〟として資産計上し、その製品を販売し続けると想定した期間で償却

たとえば、自動車メーカーは５年前後でモデルチェンジを行っていますが、モデルチェンジのために要した開発費は経常的であっても資産計上し、そのモデルチェンジ対象車発売後、次のモデルチェンジまでの期間で償却していくというイメージです。

ただし、それはあくまでもＩＦＲＳが適用された後の話、当分の間は研究も開発もいずれも一括費用処理以外の会計処理は認められないことをご承知ください。

領空侵犯御免

【証券会社審査担当者のキモチ】

『開発中のソフトウェアの資産計上を監査法人が認めてくれない』、『研究開発費で費用計上してくださいと言われて困っている』という話、ＩＴ企業ではよく聞きます。証券会社の私に何とかなりませんかと言われても、「ならないですよ」と言うしかありません。逆に、もし仕掛品として棚卸資産や無形固定資産に計上されていたら、こちらの方から監査法人の先生に「研究開発費ではなくてよろしいのでしょうか？」と確認しなければならなくなってしまいます。

特に規模の小さい企業の場合、これを資産計上にするか、研究開発費にするかで利益が大きく（場合によっては赤字に転落するほど）変わってくるんですよね。お気持ちはよくわかるのですが、右記解説の通り、研究開発費で落とし、将来ＩＦＲＳが適用されるのを待ちましょう。（と、このような書き方をすると企業の方には怒られそうですが……。）

社長、それはムリです！

社長　先生、うちの会社Ａ社と合併することにしました。先方の社長と意気投合しまして、でっかい事業ができそうなんですよ。

会計士　そうですか。確かにＡ社と一緒になれば、規模も大きくなりますし、何より向こうの優秀な人材を味方にできるのはいいですよね。

社長　でね、とりあえず昨日、向こうの社長と飲みに行って、お互いイーブンの関係でいきましょうってことで、合併比率は１：１で決定してきましたよ。

会計士
ん？　本来は相互にデュー・ディリジェンスを行った上で企業価値を算出して、その結果を元に合併比率を検討していくべきものなんですよ。御社はVCも入っているから、あまりその辺適当に決めちゃうのは良くないですよ。

社長
そんなん今更変えられませんよ。だいたい、向こうの社長の顔を立ててあげんと、彼もかわいそうでしょ？　あとは適当に会計処理しといてくださいよ。

会計士
そうは言ってもですね。A社はずっと赤字ですし、債務超過ですよね。どう譲歩しても1対1から大きく乖離してますよ（社長、このひとことで「会計士には相談済だから」って言って回るんだよなあ）。

ＩＰＯを目指すにあたって、合併や株式交換などのＭ＆Ａを実施することがよくあります。不要な子会社や関係会社を整理していくことも必要ですし、さらなるビジネスチャンスのために同業他社を傘下に入れて規模の拡大を目指すこともあります。

しかし、合併や株式交換などの会計処理には、当事者企業の価値を基礎とした合併比率・株式交換比率を算出して、これに基づいて会計処理をしていくことが必要になります。上場企業同士の場合であれば、市場における株価がありますので、双方にとって納得性の高い、客観的な価値を元に比率の算出が出来ますが、非上場企業の場合ですと簡単にはいきません。

一般的に、非上場企業の評価方法としてＤＣＦ法（割引価値による算定法）や純資産法など数多くの手法が存在することが知られています。比率の算定にあたっては、これらを使用していくことになるのですが、Ｍ＆Ａの場合には当事者同士の感情的な点もあるため、往々にして無理のある結論を模索することがあります。たとえば、どちらかが一方を吸収したという形を避けるため、合併比率を1対1の対等にするといったことです。

経営者は自社や同業他社の価値を肌で感じていることが多く、仮に無理があっても、〝それなりの範囲〟に落ち着くことが多いのですが、たまにこれを大幅に逸脱した意思決定をしてしまう場合も存在します。経験則上、いわゆる〝ノリ〟で意思決定をするタイプ、ワンマンで周囲の意見を聞かないタイプの経営者に多いです。

合併や株式交換などを行った場合、新株の発行が同時に行われることから、資本金や資本準備金などいわゆる株主資本の部の数値が変動する会計処理を行うことになります。具体的な会計処理は、「企業結合会計基準」に従うことになるのですが、増加資本の金額は合併比率や株式交換比率を基礎として決まってきますので、会計処理の点からもこれらの比率の算定は重要になるわけです。

株主資本の部の数値は後から修正できないですし、何よりＩＰＯ審査においては、過去５年間のＭ＆Ａ事案について、その必要性、適法性、会計・税務上の処理の妥当性などが多面的に審査されることになります。そのため、事前に社内および各方面の専門家の意見を聞き、適切に実行していくことが必要です。

領空侵犯御免

【証券会社審査担当者のキモチ】

合併比率の根拠は、やっぱり証券会社の審査でも確認はしますね。設例みたいないいかげんなやりとりが上場後も水面下で行なわれていたら、大変ですもんね。上場を目指すのであれば、未上場のうちから合理的な根拠に基づいて算定しなければならない、という意識を植え付けておいてもらわないと困ります。

あと、合併でよく困るのは、申請期や申請直前期の合併。基本的にこの期間の合併は、元からグループであった連結子会社の合併とか、申請会社の業績・財務諸表に重要な影響を与えない合併くらいしか認めにくいので、いきなり「合併しました！」と事後報告されると、申請期を1期延ばすということになりかねません。

また連結子会社化や営業譲受にしても同様ですので、必ず事前に証券会社に相談してほしいものです。場合によっては証券会社から取引所に事前相談ということにもなります。認められるにしても、被合併会社や被連結子会社、譲受事業に関する財務諸表もしくは部分財務諸表を求められ、それに会計士の監査意見をつけなければならない、ということも各市場の規則により決められていますので注意が必要です。

【会計士のキモチ】

まぁ、この設例は非常に特殊なケースですね。実際には、トップが持っている比率のフィーリングは、きちんと算定した比率によく似ていて、「さすがだな」と思わされることの方が多いですかね。やはり、経営者といわれる方々は、自分の業界のことは肌身で感じているようですよ。

【弁護士のキモチ】

M&Aなどには法律上の制約も多くありますので、なるべく早い段階で相談して欲しいというのが本音のところです。全部決まってから最終確認ということで書類を持って来られても、一からスケジュールやスキームを組み立て直さないといけないなんて大変なことですから。M&Aをするということは本当に大変なことなのです。

ご利用は計画的に

社長　先生見てくださいこのマシン。これ本場のアメリカでも最新のやつなんですよ。高かったけど、これからはもっと性能の高い商品を開発できますよ。

会計士　**え？　高かったっていくらですか？**

社長　3千万円です。

会計士

社長、御社は今お金ないですよね？ その3千万円も、本当はお客様からいただいた注文をこなすために、ヒモ付で銀行から借りたお金じゃないでしたっけ？ 余裕のある会社ならいいですよ、将来の種まきのために投資しても。

でも御社は来月の支払もキツイんでしょ？ だったら、まずは目先の注文に対する仕入・支払をしなきゃ。従業員の給料も支払わなきゃならないんですよ。

投資を回収するには、相当時間かかるんですよ。資金繰りを意識して経営してください！

社長

……。

経営というと、売上高とか利益とかの数値がでてきますが、実はその前にもっと大切なのがあります。資金繰りです。お金は経営上の血液でもありますので、これが滞ることのないよう、常に気をつけなければなりません。

たとえば、「黒字倒産」という言葉があります。これは、利益を計上しながらも資金繰りが行き詰まって倒産してしまうことです。仮に利益が出ていても、資金繰りが行き詰まってしまえば企業活動は止まってしまうという典型例です。

開発型の企業や技術系の企業で、社長も開発者・技術者という会社に多いのは、このようにお金の流れを顧みないで開発・研究に没頭する姿です。「いいモノを作りさえすれば製品は必ず売れる。バラ色の未来が待っている」と言わんばかりです。

ただし、開発型の企業はかけたお金が自社に還ってくるまで相当な時間を要することになります。技術や製品化の研究が必ずしも成功するとは限りませんし、仮に新製品化にこぎつけたとしても、製品を生産しないことには販売が出来ません。

研究費の支出、原材料仕入のための支出、生産設備購入の支出、そして人件費の支出、借入や社債の利息もあるかもしれません。売上を計上するまでに、様々なお金が出ていくことになります。さらに製品を販売して売上計上をした後も、顧客から売掛金を回収するまでは売上から数ヶ月を要するほか、手形回収の場合は現金化がさらに遅くなります。

このように見ていくと、企業活動というものは、先に資金の支出があり、後からそれを回収する形になることが多いと言えます。もちろん業種によって回収までの期間は様々です。小売業では毎日の現金収入がある一方で、建設業などのように工期によっては1年以上現金回収が出来ない業種もあります。

大切なのは、自社における資金の回転期間をよく把握して、資金繰り計画を立てること。金融機関からの借入を行ったり、場合によっては取引先への支払サイトの見直しを検討しなければならない場合もあるでしょう。身の丈を知って〝ムリのない計画〟を立てること。これが大事です。

ＩＰＯ審査においては、業績だけではなく、資金繰りをどのように管理しているか、将来的な資金繰り計画はどうなっているかも、重要な審査対象となります。

領空侵犯御免

【証券会社審査担当者のキモチ】

審査の過程でいろんな書類をもらいますが、その中で月次ベースの資金繰り表は必ずもらいます。月ごとに大きな変動はないか、借入金や社債の返済・償還が何月にあって、その資金をいつどこから出すのか、ロールオーバーするのかなどをチェックします。この資金繰り表が意外としっかりしていない会社が多く、そういう会社はホントにちゃんと考えているのかな？と思ってしまいます。売掛金の回収期間が長くなってないかとか、財務制限条項はついてないか、ついてる場合にはそれらに抵触する可能性はないか、貸出コミットメントがあれば、未実行残高はいくらか、などを確認していきます。

設例のように、大型設備の購入や工場を建設するために多額の資金を投入する場合、今後の成長には必要なことではありますが、その反面計画通りにいかない場合のリスクも大きくなりがちですから、設備投資の業績への効果や、投じた資金の回収計画を詳細に確認していくことになります。

【VCのキモチ】

印象として、大手企業の開発部門や研究者（医学博士など）からのスピンアウトは、名選手名監督ならずと言えることが多いと思います。どの会社にも言えることですが、社長ってすごく大事ですが、必ず参謀役が必要ですよね。

営業だけじゃなくて……

社長　先生、いつも遅くまでご苦労様です。これでウマいもんでも食べてくださいよ。（といって、ポケットから一万円札を机に放り投げる）

会計士　**お気遣いありがとうございます。ところでこのお金は社長のポケットマネーですか？**

社長　いや、ちょっと買い物行こうとして、さっき会社の手提げ金庫から出したお金です。でも気にしないでいいですよ。うちの社員も頑張っている奴らには、こうやってメシ食わして〝ガンガン稼いでこい！〟ってハッパかけてるので。いつものことですよ。

会計士　確かにお気遣いはありがたいのですが……。先日、会社の現金が帳簿と合わないってお話ししましたよね？　こうやって気軽にお金を出してしまうから、合わなくなってしまうんですよ。

社長　……。

会計士　お願いですから、今後はお金を管理する社員を採用して、出金するときは担当社員を通すようにしてくださいね。

クされます。

ＩＰＯ審査では、単に売上高や利益などの業績数値だけでなく、会社の管理体制も重点的にチェッ

管理部門は、経理・財務・人事・総務などの機能があり、それぞれに専任担当者をおき、原則として複数の機能を兼務させせることは禁じられています。従って、各担当者の上司に当たる管理担当役員までを含めれば、管理部門で最低でも5〜6人が必要になります。当然、投資家への情報開示や内部監査、内部統制監査担当者などを考えれば、さらに多数の人材が必要です。

営業最前線のいわゆる〝イケイケ〟社長の会社では、管理への理解度が低く、極端に管理部門の人数が少ない会社が存在しています。そのような会社に限って、社長は管理部門に一人二役・三役を期待しているという発言をされることも多いようです。しかし、仮に幅広い知識と経験をもつ社員ばかりを集めたとしても、一人二役・三役をさせることはＩＰＯ上は認められません。これは単に、業務をこなせるか否かではなく、内部牽制機能を発揮できる組織作りも求められるからです。

たとえば財務と経理の分離。資金の出し入れを直接扱う財務担当者と、入出金の状況を記帳する経理担当者、重要な機能である両者を別々の人間に担当させることにより、相互に緊張関係が生まれ、それが不正の防止に寄与する訳です。古今東西、資金の使い込みなどお金がらみの不正は、両者を兼任している体制、他人のチェックが入らない体制になっている組織で起こっています。このような組織は、ひとたび事が起これば「管理がズサン」と言われ、叩かれ続けることになります。確か

に管理部員を多く雇用することはコストアップに見えるかもしれませんが、不正の防止を考えると結果的に安いものです。

一度でも大きな不正が起きてしまうと、企業としての信用の低下が致命傷となることもあります。

ＩＰＯを目指すような会社であればなおさら、体制をきっちり作っていくことが必要です。

【証券会社審査担当者のキモチ】

取締役でも、第一営業本部長兼第二営業本部長というのはいいけど、第一営業本部長兼管理部門担当というのはダメですよ。営業と管理部門は牽制を効かせなければいけない部門だから。アクセルとブレーキの関係ですね。自分に関係するところだと、証券会社の引受審査部の部屋には、公開引受部や法人部の人たちは物理的に入ってくることができなくなっています。これも牽制のための体制の一つです。

兼任でいうと、IPOでは「縦の兼任」と「横の兼任」という考え方があって、「縦の兼任」は部長と課長という部内の上下関係、「横の兼任」は課や部といった組織を超えた兼任のことを言います。通常「縦の兼任」は1回までならOK、「横の兼任」は原則認められません。内部牽制はもちろん、兼務することによって業務に支障をきたす恐れがありますからね。

【弁護士のキモチ】

従業員による横領事件は、発覚すると疑惑の雲はどんどん広がっていくものです。帳簿の精査には時間も労力もかかり、結果として明確に立証できず、灰色決着にならざるを得ないこともあります。また立証できたとしても、遊興費に全て費消されてしまい、事実上回収できなくなってしまうこともあります。回収できたとしてもそれまでにかかった時間と労力とを考えると、見合うかは分からないこともあります。このような事件は、会社の成長を阻害することは間違いないことですので、予めこのような事件が起らないような体制作りをする必要があると考えます。

ガバナンスって何？

会計士

すみません、このA氏への貸付金ですが、これは何ですか？　そもそもA氏って、御社とどういう関係で、どんな目的で貸付をおこなったのですか？

経理部長

あぁ、この方オーナーの友達なんですよ。ちょっとお金が必要だったから、オーナーにお願いしたんじゃないですかね？　この人コワモテだけど、意外といい人なんですよ。

会計士

いい人かどうかは関係ないです。ビジネスと関係ないところで、多額の貸付をしたんですか？　とりあえず、

契約書を見せてください。

経理部長 わかりました。明日までに作っておきます。

会計士 **「作っておきます」？ 契約書も作らないで、こんな大金貸し付けたんですか。いくらオーナーの知人とはいえ、一存でそんなことをしたらダメですよ。**

経理部長 あ、でも、担保は取ってますよ。金庫に絵が入ってるでしょ？ あれだけで○億円の価値があるみたいですよ。だから取りっぱぐれても大丈夫、安心してください。

会計士 **……。**

コーポレートガバナンス、内部統制、J-SOX。会社の内部管理体制に関する言葉は、ビジネス界にもかなり浸透してきたと思います。人間誰しも間違うことはありますし、つい魔が差すということもあります。そんなときストッパーとなるのが、ガバナンスの役割のひとつです。

ガバナンスは、マネジメントレベルに対するものと、従業員レベルに対するものに分けられます。前者は、取締役会における相互牽制や監査役により、後者は内部監査や規程類の整備により行うことが一般的です。これらは、法令の遵守やビジネスの適切な遂行など、単なる不正や間違い防止にとどまらず、広い範囲を想定しております。一方で、J-SOXは財務諸表の作成に焦点を絞ったものであって、コーポレートガバナンスのうち一部分のみを想定したものとなります。

最近のIPO件数が落ち込んでいる一因としてJ-SOXの導入が挙げられています。IPO企業も上場日の属する事業年度から、J-SOXに基づく内部統制監査を受ける必要が生じ、上場維持コストが跳ね上がると言われているからです。J-SOXは膨大な書類作成が必要となり、事務コストと監査コストがかさむだけであまり実効性がないという意見も多々出ていますが、IPOから数10年経過した企業で、当時に作成した規程が一度も改定されていなかったことが発覚するなど、ガバナンスに消極的だった企業に対する効果があった点も事実です。

設例はオーナーが決めたことは、機関決定を経ずに実行される典型的なオーナー企業のため、ガバナンスが全く効いていないことになります。

領空侵犯御免

【証券会社審査担当者のキモチ】

オーナー企業って、社長の権力がずば抜けて強い会社が多いんですよね。ナンバー2という人はいるようでも、ナンバー1とナンバー2の差が開きすぎてるから、なかなかガバナンスが効かない。ＩＰＯを目指すベンチャー企業だと、だいたい管理部門担当役員がナンバー2か3くらいの地位の人が多いと思うんですけど、それでも社長は恐いと思っている人が多そう。審査していて問題点の指摘をし、改善依頼をしても、社長にまで本当にその問題点が伝わってるのかな？ と思うときがしばしばあります。恐くて言えないのかな、と。だから、なんの利害関係もない社外取締役や社外監査役って、絶対必要だと思います。社内の取締役・監査役だと、やっぱり社長にきちんとものが言えるかどうかは、疑わしい部分が多いですからね。

また取引所では一歩進めて「独立役員」を1名以上設けることを「遵守すべき事項」として新たに求めています。社外取締役や社外監査役といっても、親しい取引先の社長ですとか、社長の友達ですと、社外役員としての定義上は問題なくても、実質的に社外役員としての機能が期待できないですからね。私は独立役員の導入、大賛成です。

【会計士のキモチ】

ん～、独立役員ですか、個人的には微妙ですね。理念はよく分かります、理念は。それが達成できれば、なんて素晴らしい世界でしょう。

ただ、実際の現場を考えると、〝独立性〟と〝会社・ビジネス特性を理解する〟という、独立役員に求められる二つの素質は、トレードオフであることが多いと思うのです。

特にＩＰＯを目指す企業などは、会社設立当初は〝独立役員〟なんて必要なく（そんな余裕資金はない）、会社や社長の顧問（＝味方）でないと、存在価値は低いわけで。そういう顧問弁護士だったり、顧問税理士だったりした方が、会社がいよいよＩＰＯしようとする際に、社外監査役に就任するケースはかなりあると思います。

では、それは、〝独立〟役員と言えるのか？　就任前に顧問報酬などをもらっているという形式基準で見れば、独立性は低いと言われてしまうでしょう。

ただし、会社のビジネスや実情、過去の経緯をよく知っており、社長の信頼もあるので時には厳しいことも言える、そういう意味では、制度理念を体現できるとも言えると思います。

そもそも、〝独立〟役員の独立性とは、どういう場面で求められるのでしょう？　会社が敵対的買収を仕掛けられたときや、MBOをしようとするときなど、会社と経営陣の利害が対立する場面でしょうか？　もっと通常レベルの、ガバナンスを正常化させる（経営陣の暴走を見逃さない）ということでしょうか？

前者であれば、確かに過去に顧問をしていた人間などは、独立性を発揮しづらいかもしれません。経営陣に情が移っている可能性があるから。しかし、後者であれば、独立性を厳格に求めるよりも、かえって会社への理解度や経営陣との適度な信頼関係の方が大切なようにも思います。結局、制度上求めている役割や責任が不明確なんですよね。いいとこ取りしようとし過ぎている気がします。なのに、「道義的責任は大きい」なんて部分だけ一人歩きしているんですよね。まずは、世の中への啓蒙活動を、もう少し頑張って欲しいな、と。

個人的には、本当に独立性の高い役員を求めるのであれば、取引所が相応しい人材を、登録制などでプールしておいて（随時研修を実施するなど、質は確保する）、上場企業にランダムに独立役員として送り込むのがよいかと。もちろん役員報酬は、取引所持ちです。そうすれば、独立性は高く保てますよね。財源は、上場年会費をアップして捻出するなどでしょうか。

みなさん、どう思われます？

厚化粧はキラワレマス

会社
先生、決算監査よろしくおねがいします。

会計士
先月来たときは、売上は予算未達かと思ってましたけど、達成できたようでよかったですね。ん？　なんですかこれ？　期末日に10億円の売上が上がってますけど。

会社
あぁこれね。知り合いで絵を売って欲しいって人がいて。5億の絵が2つ売れたから、しめて売上10億ってことです。

会計士　いや、だって、御社のビジネスはコンサルティングですよ。絵画の販売は本業と全然関係ないじゃないですか。こんなの売上に計上できませんよ。しかもこの絵は、一週間前に仕入れたばっかりだし。これ、実物は仕入先から直送なんじゃないですか？

会社　バレちゃいました？　うちも業績厳しかったからね、知り合いに助けてもらったんですよ。画商さんに伝票だけ通させてもらって。でも利益は出してないですよ。なにせ売上未達じゃ困りますしね。こんど彼の会社を助けてあげなければならないですね。困ったときはお互い様ですよ。

会計士　……（ツッコミどころ満載だな、こりゃ）。

最近でこそ少なくなりましたが、会社の規模を売上で測る傾向は、日本のビジネス界に根強く残っています。そのため、以前から売上を大きく見せるための、粉飾スレスレの取引形態が多数存在しておりました。設例のケースなどは、実際の取引はA社→B社なのですが、その間にX社が〝介在していたことにして〟書面上A社→X社→B社という取引にしてしまうものです。会計監査の立場からは、実際に商品がX社を経由していなくとも、契約書面上X社が介在してしまうと、なかなかこれを覆すことが難しいと言わざるを得ません。少なくとも形式上は取引が成立したことになってしまうからです。ただし、本業と関係のない取引であるため、売上高としては認めない（売上高とせず営業外収益とする）ことは、考えられます。一般的に、売上高に計上できるのは、会社の営業目的に沿った収益（定款の営業目的を基礎に判断することが多いです）に限られるからです。

一時期、IT系企業で「循環取引」が問題になったことがあります。これは、数社の関連会社の間で、取引を順番に融通することで、お互いに売上を水増しさせようと意図したものです。正直なところ、複数の会社が本気で取引を融通した場合、会計士としてこれを見破ることはかなり難しいのですが、結局のところ循環取引はババ抜きのババのように、最後にこれを引いた会社が多大な迷惑を被るものです。いずれは分かるものですし、発覚したときの責任も大きいものですので、露骨な売上水増しはやるべきではありません。

領空侵犯御免

【証券会社審査担当者のキモチ】

証券会社の審査では、過去3年分くらいの月次業績の推移を見ていくのですが、年度末の月に売上・利益が突出しているという会社はよく見ますね。最終月ということで営業にハッパがかかったり、セールをやったりしたり、業界の特性からそうなるというのであればよいのですが、ホントにそうかな？　というのもあります。年度をまたいだ翌月の返品がやたら多かったとか、最終月の売掛金の回収率が悪かったりとか（押し込み販売?）。

売上を膨らますといえば、「循環取引」以外にも、IT業界で話題になった売上の総額計上か純額計上か、という問題もありますよね。IT企業が、仕入先からハード機器を納入し、なんの付加価値もつけずにそのまま販売先に横流しするだけで、ハード機器の仕入れ額にマージンを上乗せした金額を売上に計上しているのが問題になり（総額計上）、付加価値をつけずに横流ししているだけならばマージン部分だけを売上計上すべき（純額計上）、というものです。この総額計上も、売上を大きくして会社規模を大きく見せたい、というニーズから生まれた会計処理なのでしょうね。

君は「FOI」を知っているか

――粉飾の歴史はエンロンからFOIへ――

ゴールデンウィークも終わり、連休の気だるさが残るものの、毎日の生活がいつもへと戻りかかっていた平成22年5月12日、兜町に戦慄が走る。

「マザーズに上場したばかりの株式会社エフオーアイ（以下「FOI」）にSESC（証券取引等監視委員会）による金融商品取引法違反を理由とした強制捜査が入った」

「容疑は上場時に提出した有価証券届出書に100億円規模の粉飾決算」

取引所の動きは速かった。5月18日に整理銘柄に指定、6月19日には上場廃止へと決まった。FOIは、平成21年11月20日に上場したばかり。半年強での上場廃止もここ最近では異例のスピードだ。

さらに、元々資金繰りが厳しかった同社、上場廃止が決定されてすぐに資金が行き詰まり、5月

21日に裁判所へ破産手続の申立を行い、裁判所としては極めて例外的な措置として財産の散逸を防ぐため破産法の保全管理命令がなされ、5月31日に破産手続開始決定がなされた。この破産手続開始により上場廃止日が6月15日へと早まった。東京証券取引所の強い嫌悪感が見て取れる。まるで誤飲したものを吐瀉するかのような行為だが、吐瀉《としゃ》すれば食道やら何やらが傷付くように、今回の件は取引所を巻き込んで大きな傷を残した。

結果的に、上場後ちょうど半年で、華の新規上場会社が破綻の縁へと転げ落ちてしまった。IR情報の個人投資家向け合同IRセミナーへの参加と参加を取り止めたことの告知が悲しい。

FOIは、半導体製造装置の要素技術の研究開発、製品開発、製造、販売及び保守サービスを行う会社であるが、主力製品は絶縁膜エッチング装置。ベンチャー業界において半導体関係の企業は数知れず、その中で上場に漕ぎ付けた優良ベンチャーのはずだった。しかし、「優良」の看板は、ウソで塗り固められたものだった。そう、粉飾決算である。

粉飾と上場の関係は根深い。アメリカではエンロン事件で監査法人の「ビッグファイブ」の一角が解体し、日本でも足利銀行・ライブドア・日興コーディアルなど枚挙にいとまがない。なかでも、カネボウの事件では、四大監査法人の一つが解体されるほどの大きな事件になってしまった。

だが、これらの粉飾事件、いずれも今回のように上場直後のことではない。なぜなら、上場直前には、監査法人の監査のみならず、証券会社、取引所、IPOに関わる数多くの関係者が、厳しいチェックを何重にも行うから。そうそう粉飾が通るはずがない……はずだった。

なぜ、こんなことが起こったのか。そして、これからどうなるのか。IPOに関わる人間は、いろんなキモチになる。

【ポイント】

古今東西、粉飾決算には様々な形態がある。昔は単純な手口が多かったが、監査法人も過去の事例をもとに監査手続を進化させるため、それを逃れようと徐々に複雑化していく、まさにイタチごっこ。最近は海外の匿名口座を使ったり、ファンドを何重にもかましてお金の出所を分からなくしたり、あの手この手で監査の手を逃れようとしてくる。

では、FOIの手口はどうだろうか。同社の開示資料によれば、「売上高を過大に計上するなどした虚偽の決算情報を記載し、100億円規模の粉飾決算が……」とある。つまり、架空売上。一番古典的な粉飾方法である。具体的な方法については、調査結果次第であるため、未だ推測の域を出ないが、どうやら取引に関する資料をねつ造したり、架空の取引先をでっち上げたり。非常にシンプルかつ大胆な方法だったようだ。現在の報道の中では、会計士が送った取引などの確認書をFOIの社員が誤配送と称して回収し、虚偽の印鑑で取引についての書類を偽造し、その国の消印で返送するという対応も行われていたとも言われている。

そして、粉飾後のＦＯＩの２００９年3月期の売上高は１１８億円、つまり実に売上の約85％が粉飾決算によるものだったということになる。正直なところ、にわかには信じられない。しかし、粉飾決算はどこかにひずみが生じるもの。今回のケースでも、よく見ると「クサイ」部分が存在していた。投資家全てに開示される、目論見書の記載に。ポイントは二つ。売上に対する売掛金の比率と海外売上比率の高さだ。

売掛金の比率については数字を見てもらうとわかりやすい。同社の２００９年3月期の売掛金残高は２２８億円。一方で売上高は、２００９年3月期１１８億円、２００８年3月期94億円。お気づきだろうか？　売掛金の残高は直近2年間の売上高より大きいのである。つまり、この会社は直近2年間、売上は計上するものの入金が一銭もなかったということになる。少しでも経営に携わった人、決算書をかじったことのある人ならすぐに分かる、2年間も入金がない会社なんか、やっていけるはずがない。資金がショートして倒産する。つまり、決算書を一瞥しただけで、同社の決算数値の異様さは、すぐに感じるはずである。

これに対する「会社側の答え」は、目論見書のリスク情報に記載されている。

曰く、半導体製造装置のうち新設ラインに対する「初号機」については、設置を完了し生産を開始した後も、目標歩留率を確保するまでは最終的に検収されず、その結果売掛金回収が1.5年～2.5年程度かかるというもの。つまり「業界の特性」により売上後も1年以上お金が入ってこないと言っている。「本当かな？」と疑問を持つ人は多いと思う。

もう一つの海外売上比率の高さについては、２００９年３月期は、売上高１１８億円のうち、台湾向けが90億円（76．5％）、中国向けが25億円（21．6％）、韓国向けが４億円（１．６％）と、大半が海外向けの売上であり、日本国内の売上は１％にも満たない。日本の中小企業で、そこまで海外に特化した会社がありえるのか？　あってもおかしくはないが、遠い彼の地でビジネスを行っている会社は、当然ながら国内でビジネス展開をしている会社よりも理解しづらいはず。特に海外の場合は、カントリーリスクという現地の政治事情によるリスクも勘案しなければならない。これは今回の粉飾に直接は関係ないかもしれないが、「普通の会社よりも少しリスクは高いな」くらいの嗅覚をもつのが、投資家として正常な姿だと思う。

このように、粉飾の有無はさておき、「何となくの違和感」を感じる人はいるだろう。ＩＰＯに携わる人間は、投資家以上にこの感覚が大事で、少しでも違和感を感じるのであれば、納得するまで調査すべきであり、そうすれば粉飾の事実を見破り、事件を未然に防げたかもしれない。

もちろん、関係各位もしっかり対応したうえで、それでも見破れなかったのかもしれないが……。

【取引所はなぜ見破れなかったのか】

時として、ＩＰＯの最後の砦と言われる取引所。しかし、〝砦〟と言っても、お神輿に担がれたような存在になっている感は否めない。ＦＯＩに限らず、こうした粉飾企業が上場してしまうことや元々問題があるにも拘わらず上場させてしまい、問題が上場後、直ぐに発覚する事例は、いくつかの取引所で散見される。ただ、私たち取引所にだって、言い分はある。

そもそも、取引所は、どのような会社も、公認会計士による監査を受けていることを前提としている。公認会計士は、一つの企業に対し、チームを作り、のべ何百時間も費やして、会社の財務諸表などに粉飾がないか、チェックする。しかし、取引所がチェックできる期間は、3カ月から6カ月くらい。業績が伸び悩んでいる場合などには1年以上をかけてじっくりとお付き合いをすることもあるが、取引所が関与できる時間と機会は限られている。取引所の中には、稀に公認会計士の資格ホルダーもいるが、その人が、実際に公認会計士が行う監査と同じような作業をするわけではない。こんな状況で、監査法人が見抜けない粉飾を見抜けというのは、物理的に非常に困難である。

また、取引所は、どのような会社も、証券会社のチェックを受けていることを前提としている。取引所に申請するまでに、通常、証券会社は1年以上、会社とお付き合いをしている。未公開会社が上場するまでに証券会社と付き合っていく中では、どんどん部門が変わっていく。最初は、営業部門、次に引受部門、そして最後に審査部門という流れである。特に審査部門は、〝中間審査〟などと称して、気長に審査をすることができる。取引所は、そんなに悠長なことを言ってはいられない。取引所としても、金融商品取引法上責任を負う証券会社が、〝ゲートキーパー〟として機能することを前提に審査を行っているというのが実情である。

じ、じ、実は……。現在の制度や運用は、公認会計士や証券会社が十分に機能することを前提としており、このような中で取引所がＦＯＩのようなケースを防止する歯止めとなるのは、なかなか難しいのだ。

【証券会社はなぜ見破れなかったのか】

「証券会社はなぜ見破れなかったか?」という問いに対しては、多分、粉飾決算が行なわれていた、という確実な根拠をもって見破ったかどうか、ということであれば、どの証券会社も無理でしょう。証券会社は全ての帳簿をひっくり返して突合したり、全ての取引先に対して売上の実在性を確認したりするわけではないからです。その補完手続きとして会計監査人に、どのような手続きを経て確認したのか、その結果どうだったのか、という確認をしているに過ぎません。

ただ、「なんだこりゃ?.?.?」とひっくり返るくらいびっくりしたかどうかであれば、おそらくこの会社の有価証券届出書のドラフトを見た、どの証券会社の審査担当者も皆そうだったでしょう。売掛金の滞留期間が2年もあって、しかも売上高より売掛金の方が大きいということは、事業規模が拡大すればするほど売掛金が膨らんで資金繰りがどんどん悪化するということですから、ビジネスモデル自体がそもそもおかしいんじゃないか？　と（実際にファイナンスを繰り返しており、資本金はかなり大きかった)。

その証拠に、主幹事証券会社の指導と思われる跡が届出書には多々見られます。どういうところかというと、売掛金の滞留期間の長さについて、「事業等のリスク」はもちろん、「事業の内容」にも詳細に説明しているところです。こういうことはリスク情報には書きますが、「事業の内容」にはまず書きません。つまり、主幹事証券会社もかなり気にしていて、リスク情報だけではなく、冒頭の事業内容の説明の箇所で詳細に説明することにより、投資家に注意喚起を促した方がよい、という判断による指導があったのだと推測しています。

もちろん「書けばいい」というものではありませんが、書くことを条件に引受可と判断したのかもしれませんし、営業体からの圧力が強く断るだけの説得力を欠いたのかもしれません。結構審査って、社内での営業体とのせめぎあいでもありますから。さらにいうと、審査で引受不可と判断していても、それは参考意見にすぎず、別の決議機関で引受可と判断されていたのかもしれませんね。その可能性は低いでしょうけど、実際にはどうだったのかはわかりません。ただ、粉飾決算を見抜くことは困難であっても、IPOの際には業務フローの審査があるため、売上計上基準の妥当性については、疑わしい点を指摘し、是正を求めることは可能ではないかと思います（といっても、上場申請期や直前期に売上計上基準を変更するわけにもいきませんから、期間比較性を確保する観点から過去5期間に遡って修正し、株主総会で過年度決算の承認を取り直す、ということになるのでかなり重たいことではあります)。

主幹事証券会社についてもこんな感じで粉飾を見抜くのは困難ですから、特に主幹事証券会社以外の幹事証券会社、シンジケート団(以下「シ団」という。)である証券会社の審査では、直接上場申請会社やその監査法人に対して審査をするのではなく、主幹事証券会社に対して質問のやり取りを行なうため、まず粉飾決算など見抜けません。というのも、主幹事証券会社が粉飾決算を行なっているとは認識していないため、主幹事証券会社としての見解を聞いても、やはり粉飾決算などない、という回答になるからです。

ですから、幹事証券会社やシ団が引受を降りるときは、利益計画の達成可能性がかなり疑わしいといったときや、確証は得られないまでもよほどおかしい(何か匂う)、といったときに限られます。この確証は得られないが、でもおかしい、という微妙な状況で、本当に降りるのがよいかどうか非常に難しい判断を迫られることになり(降りれば上場申請会社や証券会社の営業戦略に大きなダメージがかかり、かといって引受けた後に粉飾決算が発覚すれば、投資家に多大な迷惑と訴訟のリスクがつきまとう)、審査担当者としては緊張状態が続くことになります。

中には降りた幹事証券会社やシ団もあったかもしれませんが、一般的には、有価証券届出書が提出されると引受予定証券会社の名前が出てくるので、降りる場合は有価証券届出書が提出される前に降りますから、どの証券会社が降りたのかまでは公にはわかりません。

【IPOコンサルタントは知らなかったのか】

〔公認会計士の場合〕

ＦＯＩの粉飾決算、仮に会計士やコンサルタントなどが社内に入っていたら、粉飾を見つけられただろうか。

答えは「絶対ＹＥＳ」だ、少なくとも今回の案件であれば。こんな大きなものを見抜けないはずがない。少なくとも、相当おかしい会社だとの印象は持つ。

ただし、その会計士にとって、「見破る」ことが仕事になるのであろうか？　逆説的であるが、会社が見破ることを望まないのであれば、気づかぬふりをして「私は与えられた情報を元に、審査資料を作成しているだけです」というスタンスを取るのではないだろうか。社内に入っている会計士は、監査法人や監査役のように、決算の適切性をチェックするのが本業ではない。しかも決算ミスを見逃したことに対する責任もない。あくまでも「会社のためになること」が仕事であり、目指しているところでもある。

とすれば、責任を取らなくて良いという逃げ道を用意した上で、半ば確信犯的に見て見ぬふりをする会計士は、一定割合存在するであろう。

ただし、ただし……。大多数の会計士は、決算がきっちり作成されないことに対して激しいストレスを感じるものであるし、大規模な粉飾は生理的に受け付けないものである。それが会計士としての矜持である。それに、直接的に粉飾に手を貸さなかったとしても、有価証券届出書の虚偽記載や、脱税の幇助など、罪に問われるリスクが全くゼロとは言い切れない。

結論として「良心のある会計士」は、黙ってその会社から去っていくのが普通なのであろう。

〈公認会計士以外の場合〉

普通に考えるならば、会計の専門ではない人でも、少なくとも一度はこの会社に違和感を感じたのではないでしょうか。しかし、多くの人がそうであるように、監査法人が「適正」と言うならばそうなんだろうと思ったことでしょう。また、証券会社の審査も取引所の審査も通過したとなれば、なおさらだと思います。

コンサルタントの中には、ビジネスライクに必要なメニューをこなして、会社から報酬をいただければそれで良しと考える方もいることでしょう。正直、粉飾を究明するとか、粉飾を正すとかいった動機は生まれにくい立場にあるように思います。

【監査法人はなぜ見破れなかったのか】

ＦＯＩの一連の事件の経緯については現在調査中（平成22年10月15日現在）であり、事実関係が明確となっていないので、特に監査に携わる者として、マスコミのように囃し立てて記載することはできない。従って、以下の記述は全て〝仮定〟であることを先ずご了承いただきたい。

さて、今回の事件、たとえば監査法人としての以下の場合、

◎会社が粉飾決算を行っていることを故意に看過した（悪意の場合）

◎通常実施すべき監査手続を十分に行わなかった結果、看過してしまった（重過失の場合）

は、言い逃れできるものではなく、資格剥奪で済むような話とはならないであろう。

しかし、昨今これだけ金融庁だの監査審査会だの、検査の嵐が吹き荒れる中、悪意・重過失を貫くことを意図できただろうか？

モノ言う株主が増加し、何かあった時には監査法人が損害賠償責任を負う危険性がある中で、もらっていた監査報酬はとても生涯分の収入など保証されないのに、わざわざ危険を冒すようなことをしたであろうか？

推測であるが、私はこの監査担当事務所が持てる英知・インフラで精一杯の監査をしたのではないか、と思うのである。すなわち、汚い表現を使うのであれば「会社が一枚上手であった」ということである。

実は過去の粉飾事例においては、日本国内では架空の相手先を作る際、遠隔地の廃屋を利用してそこに郵便ボックスを設置し、監査法人における重要な監査手続である取引相手先への残高確認状の発送をこの廃屋に郵送させ、返信を被監査会社の人間が現地に赴き、近隣の郵便ポストに投函して、

監査法人を信用させた、と、ここまできたら詐欺とまでいえるような手口で監査法人が騙されてきたケースもある。

今回はさらに国境を越え、「粉飾のクロスボーダー取引」にまで発展してしまった。海外との取引というのはやっかいなもの。英語で書かれた複雑で分厚い契約書を読み解かなければならないし、取引条件にも「お国柄」が反映されるので、日本の常識が通じないこともある。「あの国ではそんなものなんですよ、先生～」と言われると、「そんなもんかな？」と強く疑うこともなく納得してしまう会計士も中にはいると思う。

もしこれを監査法人の手で未然に防げるとするならば、監査法人としての必要なインフラは、海外ネットワークを駆使した、徹底的な相手先の究明くらいしか思い浮かばない。三大監査法人と言われる大手をはじめ、中堅どころの監査法人も海外の監査法人と提携を結び、協力して監査を行っていくのが当たり前となった。先に述べた「英語の複雑な契約書」も「お国柄」も、その国の会計士にとって見ればなんともない。モチは餅屋というわけだ。

しかし、FOIを担当していた監査担当事務所は、日本国内の会計士の共同事務所であり、HPを見る限りは海外事務所との提携もしていない。もしや、初めから見抜けそうもない国内専門の会計事務所を狙っていたのではないか？　それが事実だとすると、中小監査法人や個人の会計士では、もはや新規IPOの監査はムリということになるであろう。

売上を中心とした財務諸表の虚偽記載であるので、取引所、証券会社等審査主体が関係している中、監査法人の責任は一番重いのであろうとは思うが、巧妙な粉飾手口で騙される可能性があると疑わざるを得ないのであれば、結果責任だけではなく、たとえば、

●会計士に徹底した捜査権まで与える

●いっそのこと、監査業務は金融庁の外郭団体に集約させて、税務署・マルサよろしく監査を行うくらいのことをしなければ防止はできないのではなかろうか？　最初から巧妙な手口なのであれば、たとえ大手監査法人でも見抜けたかどうかは不明なのだから。

財務諸表監査の歴史は、粉飾・不祥事の度に手続を増加させてきた歴史である。しかし、「通常実施すべき監査手続」を実施して防げないということを繰り返すのであれば、監査制度そのものを根本から変えていく必要があるのではないだろうか？　この仕事でメシを食べているので、ドラスティックな変化は個人的にはノーサンキューであるのだが、制度の安定のことに想いを寄せると別の自分がつくづくそう感じているのである。

【証券会社の審査過程で弁護士が入っていたら見破れたのか】

正直に言うと、弁護士が粉飾の事実に気付くことは非常に難しいと考えます。ＩＰＯの審査の過程で売上先と仕入先の一覧を出してもらうことや関係する書類を出してもらうことはありますが、

ここから粉飾の事実を見破ることはとても困難です。今回の場合であれば、売上が随分海外に依存しているので、カントリーリスクなどは記載が必要ではないか、売上から回収までの期間が長いのでそのリスクも開示した方が良いのではないかなどということは考えられ、有価証券届出書にもそれぞれ記載があります。弁護士としては、リスク情報としての開示のところまで言及するのが限界ではないかと考えており、今回の事案では弁護士がチェックを行っているところとは違うところに問題があるようです。そのため証券会社や公認会計士の審査で問題ないと評価されてしまうと、あまり対応できなかったと思います。

【VCは知らなかったのか】

ＦＯＩの粉飾発覚後、売上の大半が架空売上だったとか、販売されなかった機械がどこかの倉庫に眠っていると聞き、驚きました。関係書類を見るとＦＯＩには数多くのＶＣが投資していることが分かります。各ＶＣとも投資の際は、審査を行いますので、粉飾について気付くことができる瞬間もあったと思います。しかし、ＶＣとして多くの出資がなされているということは見過ごされてきたということです。なぜ粉飾している実態を見抜けなかったのかということを考えてみるとその理由はいくつかあると思います。

一つ目に挙げられるのが顧客への確認の懈怠というものが考えられます。ＶＣは投資の審査をする際、通常は会社の売上・受注・技術力・契約内容などについて話している通りなのかどうか確認するために、その会社の顧客に話を聞きに行きます。もし国内に顧客を持っていたとすれば、VCはFOIの顧客数社に話を聞きに行きますので実態が分かった可能性もあります。しかし、FOIの顧客が海外で、かつ守秘義務に厳しい業界だったということが、確認を怠る要因になったと考えます。

二つ目に挙げられるのが投資当時の情報が考えられます。いわゆるリーマンショックの後、半導体業界が低迷し、設備投資が世界的に縮小する時期がありました。FOIはそのような時期にも増収を続けていたようです。そのため、この時期に投資をしたVCとしては、もしかしたらという考えがよぎることは多々あったのではないかと考えます。しかし、半導体の製造設備は納入した後でメーカーが利用しながら検収するので売掛金の回収期間が長くなるのは業界の慣習上やむを得ないとか、業界が世界的に低迷していたがアジアはその中では比較的堅調だとか、業績を正当化する情報もあったことは事実です。そのため、FOIの情報を信用し、投資を行った可能性はあります。この他にも、監査証明があるという点は、違和感はあるけれども会計のプロが証明書まで発行していることから粉飾とは言い切れないと考えた理由として挙げられると考えます。

このように見抜けなかったのかと聞かれれば、違和感はあったけれどもおかしいと言い切ることは出来ず、赤信号みんなで渡れば怖くない的な感じで投資したということではないかと考えます。

【Let Each Man Be Paid In Full】

〈各当事者の社会的な責任についての解説〉

金商法上の法的な責任はおいておくとしても、証券会社の社会的な責任は確かにあるでしょう。粉飾決算を行なっている会社を投資対象として市場に提供し、市場の信用を失墜させた責任です。

しかし、前述しましたが、粉飾決算を見破ることはかなり困難なことです。粉飾決算を行なっている会社を完全に排除することはまず不可能と思えますし、仮にそれをやろうとすれば、粉飾決算を行なっていない会社まで審査で落とすといった角を矯めて牛を殺す結果になりかねません。それでは成長力のある若い企業に資金提供するといった市場本来の機能が損なわれることになります。証券会社や取引所の責任論が大きければ大きいほど、確実に市場は縮小するでしょう。

私は証券会社や取引所への責任を問うことよりも、有価証券届出書や有価証券目論見書の中身を充実させ、多くの情報を提供することにより、投資家自らが「この数値の変動はおかしくないか？」と判断できるようにして、投資家の自己責任意識を醸成することがより重要だと思っています。

たとえば、現在の有価証券目論見書にはない売上計上基準や仕入計上基準、過去2年間の毎月の月次売上高、過去2年間の売上債権の滞留期間（現在は過去1期間のみ記載あり）などを記載するだけでも、粉飾決算のある程度の判断材料になりうるかと思います。

投資家の自己責任意識の醸成とともに重要だと思うのが、粉飾決算を行なった経営者への厳罰です。最近は証券会社やVCが上場を煽り、取引所の審査が甘いことが粉飾企業の増加の原因と捉えられている向きがありますが、一番悪いのは誰でしょうか？　粉飾決算を行なった経営者ではないでしょうか。単に上場へのプレッシャーから粉飾した、というのであれば、業績不振から上場をあきらめざるを得なかった会社は無数にあり、何の言い訳にもなりません。たとえ自分の不利になろうと、粉飾決算に走るのではなく、業績が回復するまで上場を延期するという勇気ある決断を行なうのが本来の姿です。ですから安易に粉飾すればいいと思うような経営者をこれ以上出さないためにも、このような経営者には厳罰で応じるべきだと思うのです。

そして、経営者には粉飾決算などを絶対に行なってはならないものなんだという意識を強く植えつけること、そのための教育を行なうことを、証券会社はしていく必要があるでしょう。

〈各当事者の法的責任についての解説〉

有価証券届出書の重要な事項について虚偽の記載がある場合には、届出者は、この有価証券届出の対象となった募集又は売出しに応じて取得した者に対し、損害賠償義務を負います（金融商品取引法第18条本文）。但し、虚偽記載の事実等を知って取得した者に対しては、損害賠償義務は負いません（同法但書）。

また、かかる虚偽の有価証券届出書の提出時の取締役及び監査役などの役員、売出しを行った場合の株式の所有者、監査証明を出した監査法人又は公認会計士、元引受契約をした証券会社も原則として責任を負います（同法第21条第1項）。但し、それぞれの者は以下の事由を証明できた場合には責任を回避することができます（同条第2項）。

◎〈役員と売出しを行った場合の株式の所有者〉

記載が虚偽であり又は欠けていることを知らず、かつ、相当な注意を用いたにもかかわらず知ることができなかったこと

◎〈監査証明を出した監査法人又は公認会計士〉

証明をしたことについて故意又は過失がなかったこと

◎〈元引受契約をした証券会社〉

記載が虚偽であり又は欠けていることを知らず、かつ、貸借対照表、損益計算書その他の財務計算に関する書類で内閣府令で定めるものに係る部分以外の部分については、相当な注意を用いたにもかかわらず知ることができなかったこと。

この他に、重要な事項について虚偽の記載がある有価証券目論見書等を使用して募集及び売出し行為に関与した者（引受証券会社等）についても、記載が虚偽であることを知らず、かつ、相当な注意を用いたにもかかわらず知ることができなかったことを立証できない限り、損害賠償責任を負うとされています（金融商品取引法第17条）。

このように関係者の法律上の責任を列挙してみると「相当な注意」を払ったと言えるのかが鍵となっています。ここで、「相当な注意」の具体的な内容ですが、発行会社の役員だけを例にとっても職務内容及び地位に応じて異なると考えられています（神埼克郎・志谷匡史・川口恭弘「証券取引法」363頁）。この点について、虚偽の部分が監査法人の監査証明にかかる財務書類である場合に、証券会社等の責任が回避されるのかが問題になりますが、金融商品取引法の理念からすれば、たとえ虚偽の部分が監査法人の証明があったとしても、このことだけを以て証券会社の責任が回避できると解釈することは難しいと考えられます。なお、粉飾の対象となった売上に関しては、有価証券届出書等の「事業等のリスク」として「売掛金回収期間の長期化」と題して特殊な形態であることは記載されていることから開示がなされ、「虚偽」とまでは言えないのではないかとの主張も考えられますが、今回の場合は記載自体が不十分な可能性が高い上、違法な事実を開示したことで責任が回避されると解釈すること自体に無理があると考えられるため、そのような主張が認められることは難しいと思われます。この主張で対抗できるのは、会計上不合理とは言えないことを条件とせざるを得ないと考えます。

また、金融商品業者等の業務運営状況について定める金融商品取引法第40条第2号においては、「有価証券の元引受けを行う場合において、発行者の財務状況、経営成績その他引受けの適否の判断に資する事項の適切な審査を行っていないものと認められる状況」（金融商品取引業者等に関する内閣府令第123条第1項第4号）がある場合には、かかる業務を行ってはならないと定めています。

この点、金融商品取引業者等向けの総合的な監督指針のⅣ-3-2-2（1）では、監督上の評価項目が、以下のように規定されています。

❶日本証券業協会自主規制規則「有価証券の引受け等に関する規則」（http://www.jsda.or.jp/html/kisoku/pdf/a038.pdf）等を踏まえ、発行体の財務状態及び経営成績その他引受けの適否の判断に資する事項の審査に関する適切な規程が整備され、実質的な審査が的確に行われているか。また、これらの審査結果を確実に検証できる体制が整備されているか。

❷共同主幹事である他の証券会社等の審査に依存し、自らは審査を行わないこととしていないか。

❸審査を行う部署の営業部門からの独立性が、機能・効果の面から適正に確保されるなど、審査を適切に行うための体制整備が図られているか。

❹引受けを行うに当たり、社内の他の部署との利益相反を検証・評価する機能を有しているか。また、それにより、利益相反となる状態を適切に防止するための態勢が整備されているか。

❺著しく不適当と認められる数量、価格その他の条件により引受けを行うことを防止するために、法令や自主規制規則を踏まえ、価格の算定方法等に関する適切な規程が整備されるとともに、引受けの条件を適切に決定するための態勢整備が図られているか。

そのため、幹事証券会社に関しては、同条に違反していないかということも問題になります。ここで「適切な審査」が何を意味するかということについては、結果責任を問うことになりかねないため、一定程度のレベル以上の審査を行ったことを以て足り、具体的には日本証券業協会自主規制規則を基準として検討すべきであると考えます。また、この「適切な審査」というのは、同条がそもそも証券会社の引受審査の充実を目指して特に規定されたものであるところ、「相当な注意を用いた」と評価されることとパラレルに考えるべきであると考えます。

取引所の責任については、法律上、明記されていません。そのため、通常の不法行為（民法第709条）を根拠とすることになるため、取引所において粉飾の事実を知っていたという事実があるか、又は、通常払うべき注意義務を払わず見逃したという事実があるという特別の事情がない限りは、取引所の責任を追及することは難しいと考えます。今回の場合は、粉飾の対象となった売上に関しては、有価証券届出書等の「事業等のリスク」として「売掛金回収期間の長期化」と題して特殊な形態であることは記載されているため、この点について取引所としてどの程度の調査を行ったのかが問題となる可能性があると考えられます。もっとも、取引所としては、単に場を提供しているだけであり、法律上は発行会社、証券会社及び監査法人に対して特別な責任を課し、有価証券届出書等の適切性を保とうとしていることからすると取引所の責任が生じる場合はある程度限定的にならざるを得ないものと考えられます。

この他に、刑事罰の規定が発行会社（金融商品取引法第207条第1項第1号）、発行会社の役員（同法第197条第1項第1号）及び証券会社（同法第205条第1号、第207条第1項第6号）にはあります。当該発行会社の監査証明を行った公認会計士など列挙されていない者であっても、共犯（刑法第60条）と評価され、刑事上の責任追及を受ける可能性は否定できません。また、発行会社と自己の株式を売り出した発行会社の役員については、発行価格又は売出し価格の4．5％の課徴金の制裁を受ける可能性があります。

このように責任追及を行うことができるのは、市場でＦＯＩの株式を購入した株主に限られ、それ以外の株主は、取締役、監査役及び会計監査人に対する会社法などに基づく責任追及以上のことを行うことは難しいと考えられます。

最後に、金融商品取引法の規定を根拠に損害賠償請求ができる株主には、何らかの責任はないのでしょうか。投資をするということは、そのリスクも同時に負わなければなりません。ＦＯＩが全ての当事者を巧妙に欺き、今回の事件を起こした場合、その責任の一端は投資家も担う必要があり、そのような責任を負うことこそが、投資行為であると理解すべきではないでしょうか。問題が発生した際に、「被害者」であるのは、投資家だけではありません。投資に対する覚悟もない人間が、被害者として喚くことで賠償金を手に入れることで、日本は投資や投資に関連する場を作る意欲を削がれ、よりリスクを取った投資を行っていく国や企業に置いて行かれることも同時に理解すべきではないでしょうか。本書を執筆している現在ですら、東京AIMに上場している企業はありません。J-Nomad（指定アドバイザー）の資格を保有する証券会社などからしてみれば、他の市場に上場できないようなリスクばかりが存在する未上場会社を、親になった気持ちで引き受けることなんて難しいという気持ちはよくよく分かることです。一番成長すべきなのは、本当は投資家なのかもしれません。

5　VCのキモチ

証券会社の断り文句

会社
先日来の証券会社の審査ですけど、結果はダメということでした。

VC
そうですか、残念です。理由について、説明はありましたか？

会社
利益がもう少し出ていないと難しい、とのことでした。

VC……(またそのセリフか)。

「利益がもう少し出ていないと難しい」というセリフは、証券会社が上場準備会社に対して引受けを断るときに使う常套句です。利益が足りないと言っていますが、いくら利益を出せばOKになるというものでもないのです。そもそも審査の初期段階で数字を把握しているはずなのですが。

断るときに、「内部管理体制がいまいちだから」と言えば、上場準備会社は内部管理体制を強化すべく努力するでしょう。しかし、「過去の数字が良くないから」と言ってしまえば、上場準備会社は過去を変えることはできないですから、あきらめるしかないのです。

証券会社は、引受けを断る本当の理由が別にあっても、この常套句を使います。と言って、本当の理由を教えてくれと頼んでも、証券会社は本当の理由を明かすことはありません。せめて、次につながるアドバイスをしてくれるならよいのですが、もちろんそれもありません。

証券会社の立場からすると、たくさんあるカードの中から、いまの「ご時勢」で採算が合いそうなものをチョイスしているだけなのです。ビジネスなので仕方のないことなのですが、会社が小さいときから投資して、会社の成長を見守ってきたVCとしては、やるせない気持ちになるのです。

領空侵犯御免

【証券会社審査担当者のキモチ】

証券会社の審査担当者としては、耳の痛い話です。確かに一生懸命上場のために準備してきて、むげなく断られるのは悲しいですよね。

多分、証券会社の審査までできた段階で、「利益が足りない」として断られているのであれば、それは利益計画に対する未達部分がかなり大きかったのではないでしょうか。こういうケースならよくあるパターンで特に問題はないのかと思います。

しかし当初計画どおり達成できるにもかかわらず、審査で断られたのであれば、それは堂々と証券会社に文句を言ってやればいいと思います。その利益計画で了解した上で審査を開始したわけですから。またその真意が実際は業績ではなく別のところにあると推測できるのであれば、はっきり説明を求めればよいと思います。私が担当してきた案件で断ったものは多々ありますが、きちんと説明してきましたし、またその義務もあると思ったからです。

ただ、審査部門に来る前の、営業部門やコンサルタント部門（多くは公開引受部などの名称）で何の対応もない、という場合でしたら事情が異なります。この場合は、会社のサイズ（上場した際の想定時価総額を指していることが多いです）が小さいと、特にＩＰＯ予備軍をたくさん抱えている証券会社の場合、証券会社の利益と人員体制の都合上、サイズの大きい会社を優先して上場スケジュールを後回しにされ、ほったらかしにされている、という話を多くの会社から聞いたことがあります。

主幹事証券会社の変更は上場審査において問題になりますが、単にサイズが小さいのでほったらかしにされているため、きちんと対応してくれる主幹事証券会社に変更したということでしたら、それが本当であれば審査上問題となることはありません。

しかしもし問題が会社にあったり、証券会社の出した宿題（管理体制の整備、資料の作成・提出、指摘事項の改善など）への対応が遅れていることにあれば論外ですので、自社の上場準備への対応状況もよく見極める必要があります。証券会社の営業部門もしくはコンサルタント部門の担当者とよく相談し、単にサイズが小さいから後回しにされているだけなのか、それとも他に何か問題となっている事項があるからそれが解決されるまでおいておかれているのか、よく確認した上で対応を図ることが大事だと思います。

リスク回避傾向の監査法人

会社　契約している会計士が、いまさら監査意見を遡及しないって言うんですよ。

VC　そうですか。最近、多いですよ、そのパターン。

会社　監査法人が遡及して監査意見を出してくれないとなると、上場予定時期をずらさないといけないですよね。

VC　そうですね（数年前なら遡及してくれていたのに）。

上場会社では決算期ごとに監査法人から監査意見を出してもらっていますが、上場準備会社では、かつてはあらかじめの約束で、上場準備が整ったときに遡って監査意見を出してもらっていました。というのは、監査意見を出してもらうのに、それ相当の監査報酬を監査法人に支払う必要があるからです。このようにするメリットは、上場準備会社からすると、必ずしも上場できるわけでもないのに高額な監査報酬を支払う必要がないこと、監査法人からすると、むやみに監査意見を出して余計なリスクを背負うことがないようにすることです。

監査法人は、監査業務のほかに、上場準備会社に対して上場準備に関する助言を行います。このとき監査法人は助言という建前を使いつつ、上場後もクライアントであり続けるであろう上場準備会社の虚偽記載リスクや社内管理体制をチェックし、悪質なクライアントを見極めていきます。なぜなら、せっかく上場したクライアントが粉飾体質だった場合、監査のときに見抜けなかったのか、まさか加担していたのかと、世間から批判され、自分たちの大事な看板に傷をつけてしまうからです。

監査法人の責任については、粉飾関連の事件がおこるたびに世間から注目されることもあり、彼らに求められるものはより重くなっています。そのためか、近頃の監査法人の態度はやたらとリスク回避傾向です。

領空侵犯御免

【会計士のキモチ】

おっしゃるとおり。会計士は一昔前と比べると、おどろくほどリスク回避傾向になってしまいました。でも、致し方ない面もあるのです。ＩＰＯの世界には、何度かバブル時期がありました、たとえば２０００年前後のネットバブルなど。そのような時には、ＩＰＯ実績数を伸ばしたい会計士間で、自ずと営業合戦も激しくなります。

ただ、監査は他社との差別化が難しいサービスであり、営業上の決め手を作りにくい業態だと言えます。そこで登場したのが「遡及監査」でした。遡及監査とは、対象となる会計期間に監査業務を行わず、後から対象期間の決算書を「適正」と認める監査のことです。これによって、企業は少しでも早くＩＰＯを実現することができ、経営者も早くキャピタルゲインを得ることが出来るので、願ったりかなったりです。ＩＰＯブームに乗って、遡及監査を売りに業績を大きく伸ばした会計士も続出しました。

しかし、少し考えてみれば分かることですが、遡及監査はかなりコワイ作業です。たとえば２年前の決算書に計上されている「在庫１００万円」はどうやって証明できると思いますか？単価１００円の商品が１０，０００個あったとして、「決算期末に１０，０００個存在した」

ことを後から証明することはできるでしょうか？ 10，000個の在庫の中に、破損して価値が10円になってしまったものは1個もないと、どうやって証明できるでしょうか？

実務的には、在庫を計上していない（または相当少ない）とか、決算書が預金だけ（銀行からの証明書で遡及確認可能）とか、いくつかの付帯条件が監査法人毎に定められており「何でもあり」ではありませんでしたが、そうは言っても遡及監査は「アマアマの監査をします！」と自ら公言するようなものです。この手のものは段々エスカレートして歯止めが効かなくなるんですね。そう考えると、遡及監査をしなくなったこと自体は、長い目で見れば業界の浄化になるのではないかな、と思います。

だいたい将来のＩＰＯを見越した準備をしなかったのに、今になって「金は出すから昔の決算書に監査意見を出してくれ」というのも虫が良すぎる気もします。監査は、経営者と監査人の信頼関係の上に成り立っているものでもあります。都合の良いときだけ「金は出すから」という経営者を監査人も信頼はしきれません。その点も考慮いただけると嬉しいですね。

領空侵犯御免

【会計士のキモチ】

会計士がクライアントの過去の財務諸表（決算書）に対して監査意見を出せるかどうかは、一言、監査済であるかどうかにつきます。上場申請に当たっては、会計士又は監査法人による直前2事業年度の財務諸表に対する監査証明が義務となっていますが、ここで要注意なのはいわゆる直前々期（申請直前期の前）の事業年度の取扱いです。この事業年度の期首の財政状態が監査済でなければ、期首の財政状態をスタートに損益が発生するこの事業年度の損益計算書に対して、胸を張って監査証明を付けることは出来ません。すなわち、申請ルールで2事業年度の監査証明を付けることとなっていれば、プラス期首残高＝申請期の3事業年度前の監査も必要となります。

では、監査スタートが直前々期中ではダメなのか？　監査手続の中で特に重要である手続が、「実査」（現金や換金性証券等の現物チェック）「立会」（会社の期末実地棚卸作業における在庫状況の把握）「確認」（会社の取引先への会社帳簿残高の照会）です。特に「実査」「立会」は期末でないと実施できない手続ですので、現物を見れない限り監査をしたことにはなりません。少なくとも直前期事業年度から遡って、「実査」「立会」「確認」は都合3回は受けていただくこととなります。

業績好調な会社から突然監査依頼が舞い込むパターンの中で、再来年に申請したいと想定する直前期を鑑みると、既に依頼時点で直前々期、というパターンが多くあります。過去期首残高について「実査」「立会」を省略して監査証明を出していたこともありましたが、監査証明のクォリティを問われることとなるため、監査していない過去を遡及して推論OKとして監査証明を出すことはなくなりました。

また、監査済の過去の決算であっても、最近大口得意先の破綻が申請前に発生したというような場合など、過年度の資産の評価を再度見直す必要があるのではないかというような後発事象が発生します。その場合は、過年度の監査証明を出すに当たりかなり慎重な判断をすることとなります（株主総会で過去の決算を修正していただくよう要請することもあり得ます）。

「上場した会社が数年後に破綻企業になった。」その場合の投資家や債権者の損害賠償請求先として、監査法人にターゲットが向けられるパターンが増加してきました。カネがあると思われるところを訴訟相手先に向けている（現実はそうでもないのですが）ということもまことしやかに言われていますが、監査法人がリスク回避傾向になってきたという一番の原因として、訴訟案件が増えてきたということが挙げられます。

【証券会社審査担当者のキモチ】

今では、遡及監査をしてくれる会計士は殆どいなくなったと思います。ですが、一部の会計士ではそれを行なっているところも。こういう会計士だと、遡及監査以外の他の箇所においても、アマアマ監査もしくは社長に押し切られて「仕方ないですね」という監査になっていないか、心配になったりします。

ちなみに、上場前の直近2期間の監査意見は、同じ会計士であることが必要とされています。(移籍などの理由で、監査している担当者ベースが同じであれば、監査法人が異なっても認められるケースはあります)。

5 〔VCのキモチ〕 リスク回避傾向の監査法人

派遣役員

会社

期待していた大型案件の成約時期がのびてしまったことが原因で、当期着地は赤字に転じるもようです。なお、この大型案件は、来月には成約できる予定です。

VCからの派遣役員

成約の確度は？　その根拠はなんですか？

会社

先方の最終選考に残っているので、成約できる可能性は高いです。

VCからの派遣役員　**成約できなかったら、どうするのですか？**

会社　この案件ほどではないですが、ほかにも候補案件はありますので、それらを取りこぼさないように進めていきます。

VCからの派遣役員　**それもダメだったときはどうするのですか？　そもそもニーズは本当にあるのですか？　ビジネスモデルから見直しする必要があるのではないですか？**

会社　……（また始まった……）。

ＶＣは投資条件として、『派遣役員を受け入れること』もしくは『取締役会や経営会議などの重要な会議にオブザーバー参加できる権利』を要請することがあります。ここではいずれも総称して、『派遣役員』と呼ぶことにします。

その目的は、重要な営業方針の決議に関わったり、企業の最新状況をいち早くキャッチしたいということがあります。また、経営経験のある人員などが不足している投資先に対して、経営指導を行いたいということもあります。

会社によっては複数のＶＣから投資を受けているため、それぞれのＶＣに対して取締役会などの重要な会議に出席する権利を与えていることがあります。

ＶＣの多くは、いずれ解散するファンドを通じて投資しています。

期限のあるファンドから投資しているため、投資した株式などをいずれは売却して投資資金を回収し、ファンドに出資した投資家に分配する必要があります。ＶＣが投資した金額より高く売却することができれば、ファンドに出資した投資家にリターンを提供することができますし、自身も利益を得ることができます。そのため、ＶＣはいつでも少しでも高く売却することを望んでいます。

ＶＣは投資先から情報収集しながら、事業計画通りにファンド期限内のＩＰＯが可能なのかどうかを見極めようとしています。そして、残念ながらファンド期限内のＩＰＯは無理だという判断をした場合、今度はいつ売却するのが有利なのか模索し始めます。

派遣役員は、ＶＣの社員でもあるため、常に売却のことが頭にあります。会社に帰れば投資先の事業の進捗報告とともに、売却計画についても報告する必要があるのです。派遣役員はいつでも売却を意識せざるを得ない立場なのです。

投資当初は、経営指導もヒト・モノ・カネが不足しがちな投資先にとってはありがたいことかもしれませんが、そのうち投資先と派遣役員との間にギャップが生まれます。それは事業が計画どおりに進まなかったとき、売上げも利益も伸び悩んだときに起きます。

そんなときに派遣役員が言うことといえば、「営業・サービスの見直し」「コスト削減」と、たいてい同じだったりします。ときには事業そのものを否定するような発言が飛びだすこともあります。

投資先にしてみれば、投資するときは会社のこと、事業のことを高く評価していたはずなのに、会社が傾いてくるとそれがダメなんだと批判されれば『いったい何なんだ』と思ってしまいます。面と向かってはいえないけれど、投資に失敗したと思って、『さっさとウチから撤退してくれ、キャピタルゲインはあきらめてくれ』と思うことでしょう。

「いつ売上げがあがるのか」、「いつ利益があがるのか」、「計画が達成する可能性はどれくらいなのか」、「失敗したときはどうするのか」云々かんぬん。いくら説明しても結果はやってみないとわからないわけで、「やる前から本当に成功するのか」、「失敗したらどうするんだ」と後ろ向きなことばかり発言されれば、うんざりすることになってしまいます。派遣役員は投資先の取締役でもありますが、株主でもあるため、取締役会がまるで株主総会のようになってしまうのです。

同じＶＣとしては、批判に始まり批判に終わるのではなく、投資先と同じ目線で、投資先が成長するためにどうすればよいのか真剣に向き合いたいと思うのです。

領空侵犯御免

【証券会社審査担当者のキモチ】

確かにVCなんて金だけ出して口を出さない方が、会社にとっては都合がいいもの。しかし、客観的に考えると、営業上・管理上の問題点について、内部の役員が言いにくいことを社外役員である派遣役員が代弁してくれているのかもしれません。自分にイタいことを言ってくれる人の存在って、実はとても大事だと思うんです。数字に甘く、部下にも優しい「いい人」過ぎる人が社長だと、大抵利益計画を達成できず、上場どころか会社の存続も危うくなるパターンが多いように思います。私が個人営業をしていたときの経験でも、支店長がいい人という評判の支店は、大抵成績が悪かったと思います。また私自身も、鬼軍曹みたいな恐い上司がいたからこそ今の自分がある、と思っています。人の成長も会社の成長も同じ。どれだけ厳しい人が周りにいるかでその後がかなり変わるのではないかと思います。ただしその前提には、会社への深い愛情があっての厳しさなので、自らのVCの利益のみを追求した厳しさでは、おっしゃる通りいない方がいいですね。どんな派遣役員に来てもらえるか、会社としても要望を出せるといいのですが、上場したら殆どの株主は自分の都合でモノを言ってきますから、今のうちから予行演習と割り切っておきましょう（笑）。

【弁護士のキモチ】

派遣取締役はＶＣの社員であるとはいえ、会社のため忠実にその職務を行う義務（会社法第355条）などを負っており、ＶＣ自身の利益ばかり追求していると、忠実義務違反などを問われかねません。派遣役員の回りには、投資先、投資先の役職員、株主、取引先など、ＶＣとその株主、ファンド、ファンドの投資家など様々な関係者がいます。それぞれが満足できるよう、うまくバランスをとりながら投資先の成長のため頑張っていただきたいと思います！

なお、少し横道にそれて……。

法務デュー・ディリジェンスにおいて取締役会議事録を確認しているときに、よく指摘させていただくのですが、派遣取締役がいる場合には、派遣元のＶＣが派遣先の会社の株式を引き受けるとき等において、利益相反取引に係る処理が問題となります。利益相反取引とは、取締役が自己又は第三者のために会社と取引をしようとする場合（直接取引）、及び会社が取締役の債務を保証することその他取締役以外の者との間において会社と当該取締役との利益が相反する取引をしようとする場合（間接取引）をいい、これらの場合には、取締役会において、当該取引につき重要な事実を開示し、その承認を受けなければなりません（会社法第356条第

1項第2号、第3号、第365条第1項)。そして、利益相反取引の承認における取締役は「特別の利害関係を有する取締役」(会社法第369条第2項)に含まれ、議決に加わることができないと解されています(上柳克郎、鴻常夫、竹内昭夫 編集代表「新版注釈会社法(6)」有斐閣115頁参照)。但し、取締役が取引の相手方自身や相手方である会社の代表取締役でない限りは、「特別の利害関係を有する取締役」にまでは該当しないと考えられています(「新版注釈会社法(6)」233頁参照)。したがって、派遣取締役が取引の相手方である派遣元の代表取締役である場合には、取締役会決議の議決に加えないなどの配慮を行うことが必要です。

また、派遣取締役が派遣元の代表取締役でない場合であっても、あくまで派遣先の会社の取締役として経営責任を負っている以上、株主である派遣元の利益ばかりを追求することがないようご留意いただく必要があると考えます。

この取締役としての責任は、オブザーバーとしての取締役会の出席権を確保することで、回避することも考えられるのです。しかし、このように立場が法律上想定されているわけではないため、取締役でない者を取締役会に出席させてよいのかという別な問題も生じるので、この辺をどのように調整付けていくかが問題です。

決算を飾るよりも

――友人関係のA社長とB社長の会話――

A社長　こんどウチ、年度末でさ。なんとか決算をきれいに作りたいんだけどね。

B社長　**あ～そう。あんまり無理するなよ。**

A社長　もちろん。でも、中小企業で連続赤字だと死活問題だからね。ほんと、どうしよう。

A社長

やっぱ、どこも苦労しているんだね。

B社長

そういえば、この前さ、昔世話になった先輩で、いまは同じ業界の社長をやっているんだけど、その先輩から連絡があって。△△を○○万円で仕入れたことにしてくれない？　一時的でいいから、あとで買い取るからさ。そっちも困ったときに助けるからって連絡があったよ。うちは断ったんだけど、先輩のところも大変みたいだよ。

この設例は、粉飾決算に至ってしまう甘い誘惑が案外身近にあるということを表現したかったものです。ベンチャー企業を含め、どんな会社だって赤字は避けたいものです。なぜなら取引先からの信用調査や資金繰りにも影響を及ぼします。

資金が苦しいがゆえに、決算を美しく飾り立ててVCに投資依頼をかけてくる会社もあります。VCは投資の際には慎重に審査を行いますので、大概の安易な粉飾には気がつくものです。審査のために提出を依頼する書類の出が悪いとき、たとえば、月次決算資料を何やら理由をつけて遅らせている場合には、「小細工でもしているのかな?」と勘ぐってみたり、社長と合わせた目をすぐにそらすといった場合には、「隠していることでもあるのかな?」と疑ってみたりします。

VCにとって、投資案件が債務超過であろうが、赤字であろうが、投資後に事業計画どおりに進まなかろうが、さほど問題ではありません。債務超過でも赤字でも投資時にはリスクをはかって投資採算を算出しますし、投資後に事業計画どおりに進まないことも十分に想定しているからです。投資先には正直に現状を報告していただきたいのです。そして事前に相談もしてほしいのです。特に資金繰りのことは、せめて半年先のことを考えて動かないと、3ヶ月前では打つ手がなくなってしまいますから。

言うまでもないことですが、ごまかして飾るよりもありのままの姿を知りたいのです。

領空侵犯御免

【証券会社審査担当者のキモチ】

恐ろしい話ですな〜。仲間内での循環取引。証券会社の審査でも、基本的には過去5期間の財務諸表を並べて、その変動理由を聞いていく、ということを行ないます。そこで大きな変動がある場合には粉飾の発見にもつながるのですが、そうでもなければ証券会社の審査レベルでは結構この手の粉飾の発見は困難です。例え仕入先と販売先の上位数社がほぼ重なっていて、「何だか匂うな」と思っても、なかなか粉飾かどうかを確認することは困難です。それで、監査法人の先生に「疑わしい問題はありませんね?」と確認することになります。もっとも、監査法人の先生が問題ないと仰っておられても、それをそのまま全面的に信用するというわけにもいきませんから、結局は自分が納得できるような形まで工夫を凝らして確認していく、ということになるのですが。

そういえばこの数年は監査法人も非常に保守的になっていて、質問を投げても、書面での回答は中身のないそっけないものが多くなっていますね。ただ、監査法人面談の際に口頭ベースでは監査の詳細を語っていただける場合が多いので、非常に助けられております(笑)。

【会計士のキモチ】

容姿に惚れて付き合いだした彼女が、実はスッピンはまるで別の人間だった……。

人間は誰しも自分の弱点・醜いところは見せたくないもので、強み・長所はその逆に見せびらかしたくなるものですが、糊塗し、虚栄を張り、相手をたぶらかした後に待ち構えるのは、相手からの不信に他なりません。

監査を実施する会計士は、会社が事実を見せなくするくらいの「厚化粧」を発見するインフラを備えております。ですが会計士でなくても決算書に触れる機会が多い方々にとっては、「厚化粧」であるかどうかは目を凝らして見れば良く分かります。

たとえば、

●売掛金等売上債権の異常な増加、売上高月次推移における決算月直前の急激な売上高の増加

→架空売上、押込み売上、循環取引等の可能性

●製商品等棚卸資産の異常な増加

→架空在庫、売上原価の操作による利益の捻出の可能性

●買掛金等仕入債務の異常な減少

→仕入計上の意図的な見送りの可能性

この類は基本中の基本です。

利益を捻出した決算書を作成しても、「昨年と比較して業界的にそんなに伸びているわけでもないのに、何で利益がこんなに増えるんだ?」と、糊塗した決算書には各所に綻びが出てくるものです。

業績が苦しかったならば、それはそれでありのままを見てもらえばいいじゃないですか！

過去の実績は事実として捉え、社内も、VCなど社外も本当に大事なのは将来の成長性。事業計画を作ってVC他各社にアピールした上で、翌期に頑張って計画通りに事業を遂行し、信用を掴むことが最高のファンクションです。

その時の外部関係先とのリレーションは、すごく強固なものとなりましょう。

男女関係は美しく（コンプライアンスという前に）

社員A 次のプロジェクト、どうするか決まったの？

社員B ええ、決まりました。専務の提案ですから、当然のように通りましたよ。

社員A また専務の提案？　誰も反対しなかったの？

社員B 反対も何も、女帝様の意見ですから。

役員の中に社長の女がいる。社長が女性の場合なら社長の男がいるというパターン、世の中には珍しくないことかもしれません。

本書の中で他の執筆者も書かれていますが、ＩＰＯを目指すなら「内部統制」、「リスクマネジメント」、「ガバナンス」、「コンプライアンス」といったことは当然に求められます。ＩＰＯを目指す会社に投資するＶＣとしては、投資先にはこれらの社内管理体制を当然に整えていただきたいことです。

ＶＣの投資審査では、どういう人が役員に入っているのかということもチェックします。その審査で「この役員は社内で何を担当しているのか分からない」といった場合や、「取締役会の議事録を閲覧しても出席している痕跡を見つけられない」場合などでは、秘められた男女関係にも簡単に気づくことができます。しかし、社長と恋仲の役員に、そこそこのバックグランドがあって、社内執行の役割も明確である場合は、投資審査での発見が難しいこともあります。

言うまでもないことでしょうが、役員のなかに社長の恋仲がいる場合、社内でガバナンスが効きづらいのです。ある会社の取締役が3名いて、うち1人は社長、もうひとりは社長の恋仲、もう1人は非常勤の役員という場合、多数決をとっても2対1で、社長と恋仲の思うままの経営が可能になりがちです。非常勤役員はしらけちゃいますよね（株主に選ばれた取締役である以上しらけちゃうなんてことでは片付けられない立場ではあるのですが）。このように、社内の最高決定機関である取締役会が正常に機能せず、形骸化しているようではＩＰＯは程遠いです。

従業員は、社長の背中をよく見ています。もちろん社長の男女関係についても。

たとえば社長が不倫している会社の場合、それが公然の秘密となっている場合、社長がコンプライアンスをいくら叫んだところで、社内には浸透しません。なぜなら、不倫が「法を犯さなければいい」、「罰せられなければいい」と暗に伝えてしまっているからです。

ＩＰＯを目指すなら、ぜひ身の回りを美しく、特に男女関係を美しくしていただき、社長はぜひ社員の「手本」であってほしいと思います。

社長は真面目が一番です。

領空侵犯御免

【証券会社審査担当者のキモチ】

一概に社長の恋人が取締役や従業員にいることが悪いということではないですが、不倫をしていたりすると問題ですね。社長がこうだと、設例の通りいくらコンプライアンスといったところで説得力がないですし、さらに会社に不満を持つ人からは内部告発の対象になってくるでしょう。

上場会社にも、社長の奥さんや息子さんが役員もしくは従業員にいることはしばしばあります（同族で取締役会の過半数を超えないこと、監査役でないことなどが条件にはなります）。ただ、やはり社長の同族というだけで何もしていない割に報酬だけは高かったり、それによってガバナンスが効かない体制になっていては困るので、そこらへんは審査でもしっかりと見ていくことになります。たとえば、社長と同族の方が経理部門の責任者となっている場合、社長に対する内部牽制が働いていると言えるのかなどです。

ちなみに、役員としての実態がないのに、役員報酬だけ高かったりすると、税務調査が入った際に損金算入を否認されます（さすがに実際に否認されたケースはあまり聞きませんが）。

【弁護士のキモチ】

夫婦には互いに貞操義務があり、不倫はこの義務に違反するものであり、不法行為（民法第７０９条）を構成します。正しくは、不倫相手と二人で共同不法行為（民法第７１９条）となるのですが、男女関係は泥沼になりやすい事件類型です。有価証券届出書のリスク情報に、「当社の代表取締役は、株式の○％を保有する配偶者より、不貞行為を理由とした損害賠償請求等をされており、これに対応するためや差押えによる売却などの理由により、保有する株式を一挙に処分することになり、このことで株価が乱高下する可能性があります。また、状況次第では代表取締役の保有する株式を強制的に売却することとなり、保有割合が減少しその他の株主の判断等により代表取締役の地位を喪失する可能性があります。」なんて、書けないなと思われたら、避けていただきたいものです。

5 〔VC のキモチ〕 男女関係は美しく(コンプライアンスという前に)

こんな会社に投資したい

後輩　先輩はベンチャーキャピタリストになって10年ですね。投資審査で見るポイントについて教えてください。

先輩　ズバリ3つだよ。1に市場、2に業界、3に経営陣。

後輩　それら3つは、どうやって確かめていくのですか?

先輩

審査方法は単純。経営陣に対して、特に社長に対してだけど、教科書的に市場や業界のことを質問していくんだ。市場が小さすぎないか、市場の大きさや成長性についてね。といっても大きい市場がいいというわけでもないよ。そもそも新規性があるものだと、今までにない市場という場合もあるからね。一方、市場が大きいということは、必ずしも良いことではない。競合も多いし、大手もいるから、価格をたたかれたりとベンチャーには苦労が多いしね。

後輩

なるほど。で、経営陣については、どのように確かめるのですか?

先輩

話している内容と資料との整合性があるか。昔は、高学歴やMBA、難関大学出身など、経歴がきれいなのが良いと思っていた。でも、そういうのは失敗する。現場のたたきあげ、人をまとめる能力、仕事を自分で持ってこれる、そういう人が良い。

ＩＰＯを目指す会社に投資するＶＣとしては、投資先の属する市場、業界に成長性があることは必須条件。その上で、ポイントになるのが、経営陣です。ＶＣは、過去や現在に投資するのではなく、まだ見ぬ未来（会計用語でいうと、超過収益力）に投資します。未来が、つまり描いた事業計画が達成できるか否かは、経営陣、特に社長の力量が大きいのです。「事業計画どおりに進まない」、「想定外のことが起こる」、ベンチャーにとってそんなことは日常茶飯事です。いくつもいくつも襲ってくる困難をいかに乗り越えるか、全ては社長にかかっているのです。なかには、先に起こりうる困難をシミュレーションして逃げ出してしまう人もいます。ゆえに、ＶＣが、特にアーリーステージの会社に投資するときは、もともと未来を推し量ろうにも参考になる過去がないこともあり、社長の「人」を重視することになります。

頭が良い社長は、論理的です。経営も得意の論理的発想でこなしていこうとします。たとえば、まだ数人しかいない小さい会社であっても、組織をきれいに作ろうとする、若手を育てるためといってどんどん権限委譲していくなど。「権限委譲」というと美しいですが、単なる人任せになっている場合もありますし、あげく無責任になってしまうこともあります。

会社の規模が小さいうちは、社長が全てを掌握するほうが良いと思います。社長の行動力を従業員にみせることで、社内の士気が高まることにもなるからです。

また、特に会社の立ち上げ時期には、そのほうが良いと思います。新しいターゲットの出現、市場など日々変わるわけで、激しい環境の変化に対応するのに、組織ルートでやっていると、対応が遅くなってしまいます。このようなときは社長によるトップダウンが一番です。「権限委譲だ」、「現場に任せる」といっても、そもそも小さな会社には優秀な人材が少ないのが現実なのです。

業界に精通している社長、ネットワークをもつ社長、業界のキーマンを知っている社長、その社長がなぜその事業をやるのかといった、創業の理念が納得できるという会社に投資したいです（もちろん市場・業界の拡大性は必要）。経営について学んだという人が、こういう市場は儲かりそうだからこの事業を始めましたというパターンは失敗しがちです。なぜならば、ベンチャーには絶対に苦しくツラいときがあるからです。儲かりそうだから事業を始めましたでは、その困難を乗り越えることはできないのです。乗り越えなければならないと思う背景がその人にあるのかどうか、ということがとても重要なことになるのです。

領空侵犯御免

【会計士のキモチ】

私は経営者を一番重視しますね。我々の仕事は、会社の財布の中身を見せてもらうようなもの。社長と信頼関係が築けなければ、結局長続きしません。

起業する経営者は、独自の哲学を持っているもの。これを持っていないと、ビジネスは長続きしないし、社員はついてこない。ある意味起業家としての最低条件といえるのではないでしょうか? そのうえで「社長の哲学に共感できるか否か」、これが取引をさせていただくうえで重要なことだと思います。恋愛みたいなものですね。相手の考え方、価値観に共感できるか否かで、その会社を手伝いたくなる力が大きく違ってくるわけですから。

【証券会社審査担当者のキモチ】

「ベンチャー企業は社長が大事」という意見には賛成です。社長次第で、その下にくる人材のレベルも変わってきます。いい社長にはいい人材が集まるし、逆もまたしかり。また、創業の理念が納得できる社長というのも賛成。儲かりそうだから事業を始めましたという社長よりも、信念を持ってこの事業を始めたという人の方が、成功している事例が圧倒的に多いのではないかと思います。やっぱり、困難を乗り越えるときの力に差が出てくるでしょうし、人間的な魅力からいっても後者の方が勝っており、優秀な人材を集められるのではないかと思います。

その他、同業他社との差別化要因（新技術、価格、ノウハウ、ニッチなど）も重要だと思います。市場が飽和状態で成長性がない業界に見えても、大手のシェアを切り崩していくだけの差別化要因があれば、面白いと思いますね。

設例のＶＣでの審査を見て、証券会社や取引所の審査と大きく違うなあと感じたのは、まだ見ぬ未来に投資する、というところ。証券会社でもある意味同じなのですが、実際審査の対象とするのは「将来成長すると予想されている事業」に関する直近足元までの「実績」です。いくらバラ色のシナリオを描いていても、全く売上も上がっていないような状態であれば、その後も本当に計画通り売上・利益が上がるのか恐くて不特定多数の投資家に投資対象として提供できません。VCが審査に入るのは証券会社の審査よりも数年前であり、証券会社の審査は、(新興市場の場合だと)上場する数ヶ月前であることが多いです。ですから審査時期の違いから、審査の対象も違ってきているのでしょうね（もっともバイオベンチャーの場合は例外ですが)。

あと、会社の事業が軌道に乗ってきて、遅くとも上場の直前々期くらいまでには、権限を委譲しておかなければなりません。社長個人に依存しすぎていると、それはそれでパブリックカンパニーとしては問題ですから。また、人材を育てるのがうまい社長は、権限委譲もうまいです。社長自身でやってしまう方が早いし楽でしょうが、それだといつまでたっても部下が育たず、結局社長がいないと何もできない会社になりかねませんからね。

ファンドの投資には期限がある

VC　貴社に投資したファンドの期限は来年です。投資契約書に記載の通り、貴社株式の買い取りをお願いします。

会社　当社は、今後も上場を目指して頑張ります。このまま保有してもらえませんか。

VC　御社のご希望は分かりますが、ファンド期限は変更できませんので。

会社　買い取りはどのようにしたら良いでしょうか?

VC　**会社による自己株取得、役員による買い取りの他に、提携先への譲渡などの方法もありますが、どのような方法であっても構いません。**

VCは上場を計画している会社や社長に投資をして、投資先が上場したら市場で株式を売却し投資資金を回収します。では投資先が上場しなかったらどうなるのでしょう?

VCからの出資は、ファンドから行うのが一般的です。このファンドですが、VCが他の投資家から資金を集めて組成します。ファンドには期限があり、その期限が来るとファンドは清算します。その前にVCは、資産を資金化し、投資家に資金を返さなければなりません。ファンドの期間は7年だったり10年だったりファンドによって異なりますが、どのファンドも期限が来れば清算ということは同じです。そういった背景があるため、VCは投資する際に、期限が来た場合には、投資先の社長が株式を買い取るという投資契約を締結し、期限が来ても上場していない投資先には、買取を要請するのです。

株式で調達すれば借入と異なり、受け入れたままで良い資金だと誤解される方もおりますが、ファンドに期限のある以上、上場できなければ期限前に、別の方法で資金化するものと考えてください。

領空侵犯御免

【会計士のキモチ】

買取条項による買取価格、いつも難しいと思うテーマです。通常、買取条項は資金の出し手であるVCと経営者が投資契約として結ぶことが多いですが、特徴的なのは出資時点において、買取請求をする場合（数年~10年後）の買取価格（もしくは価格の算定方法）を定めているという点です。あくまで会計・税務的な建前としては、「買取請求時点」での合理的な算定方法で算定された合理的な価格で取引が行われるべきですが、VCとは「投資契約締結時点」で価格もしくは算定方法が決まってしまうわけです。つまり、契約上の価格・算定方法が、合理性の観点から適切とは言えない可能性もあるわけです。

【証券会社審査担当者のキモチ】

正確には、会社の社長に買取請求するというものなのでしょうか。会社に買取請求ということになると、事実上の種類株式になるわけですよね。

この買取請求権、一部の株主（ＶＣ）にだけ、ＩＰＯできなければ買い取り請求することができるというような条項を設けるのは、その株主にとってはリスクをとらない出資ということになりますから、利益供与に当たるのでは？　と考えたことがあります。でも、殆どのＶＣからの出資はこの条項がついてるらしいですね。ですから、ＶＣはリスクとっているようでとっていないのかな、というようにも思えます。

情報は隠さずに

VC

秘密保持契約書は締結しましたし、投資審査で必要ですのでA社との契約書を拝見できますか？

会社

それはA社より、くれぐれも内密にと言われているのでお見せできません。

VC

A社との取引は、事業計画の達成には必須のものです。これがないと貴社の成長性が判断できません。

ＶＣの投資の審査では、会社の経営に関わる多くの資料を使います。事業計画・決算書・資金繰り表・販売実績（取引先・金額）・販売先、仕入先との契約書・知的財産権に関わる資料などです。

基本になっているのは事業計画であり、その事業計画が達成できるかどうかの裏付けを取るためにその他の多くの資料を分析するという流れです。審査の過程でＡ社の事業にとって重要な取引があれば、それがどんな内容で、その取引は今後も継続するのかを調べる必要があります。

また、会社のノウハウなのでお話しできないというケースもありますが、同様です。

ＶＣの担当者は、審査している会社がいかに優れた会社なのか確認したいのです。この確認によって、ＶＣの社内でも事業計画の達成可能性について説明できるのです。ですから、取引先から外部の会社には口止めされているとか、会社のノウハウだから話せないということではなく、審査の際には情報を開示してほしいと思います。

領空侵犯御免

【証券会社審査担当者のキモチ】

これは証券会社の審査でも同様です。少なくとも主幹事証券会社には、こちらがお願いしたものはすべてお出ししていただいたり、お話ししていただかなくてはなりません。ただ、上場直前の、引受比率の低い幹事証券会社などに対してまでのご回答はご遠慮したい、という場合には相談に乗ることができます。

【VCのキモチ】

VCは株主なので投資先の機密情報を知る権利が（投資契約にも謳って）あるでしょうし、主幹事証券会社もコンサル契約を締結すれば同様に権利があると思います。

【弁護士のキモチ】

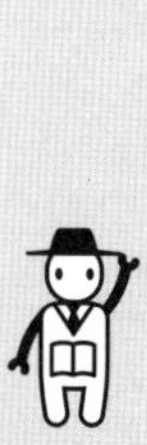

ＮＤＡ（秘密保持契約）の中では、当該情報を提供できる範囲が非常に狭く設定されていることもあるため、そのままでは株主や株主候補にも開示できない場合もあります。そのため、必要に応じて相手方に説明して開示をする承諾を取り付けることになると考えています。

株価はどのように決まるの？

会社

前回増資時と同じ株価で検討してもらえませんか？

VC

貴社への投資については検討中です。貴社の株主になっている他のVCの検討状況はいかがですか。

会社

株主になっているVCは、どこも追加投資は困難と話しています。

VC

貴社はこれまで開発投資が先行していたため、多額の欠損金（過去の赤字）が計上されています。増資の株価は、純資産価格が妥当ではないですか。それだと株価が前回の４分の１になってしまいます……。

未公開会社の株価算定方法は、一つではありません。純資産価格方式であったり、類似業種比準価額方式であったり、ディスカウントキャッシュフロー方式だったりいろいろあります。このように複数の方式があるなかで、一体どのように決まるのでしょうか？

実は上場会社同様、需給で決まるのです。この場合の需要とはＶＣの投資意欲であり、供給とは会社の資金調達に伴う株式発行になります。投資意欲は、会社の財務状況、会社の成長性、ビジネスモデル、上場確度、場合によってはＶＣのファンド規模や投資予算も考慮されて形成されます。会社の資金ニーズに対して投資意欲の強いＶＣが多ければ株価は高くなりがちですし、少なければ株価は低くなりがちです。

この需給関係が極端に表れるのが、会社の業績が低迷した時期に、新たなＶＣに投資を依頼する場合です。

会社は事業を進めていく上で資金が必要ですから増資を計画します。会社の必要資金をＶＣが検討する訳ですが、既存株主のＶＣが追加投資しないということは、この会社は何か問題があるのだろうと考え投資意欲が弱まり投資を行うＶＣが減ります。そういった場合、株価は前回の増資価格に比べて数分の1になることもあります。

このように株価は、決まった算定方式というよりは、投資意欲と会社の資金調達をベースとした需給で決まってきますが、会社から見ると投資家の意向で株価が決まったと映ることもあるかもしれません。

しかし上場審査上は投資家の意向で決まりましたとは言えません。やはり上場を目指す会社たるもの、株価についても自社で妥当と判断し説明できる株価としなくてはならないからです。

そのため増資の際は、株価の算定根拠を作っておく必要があります。

領空侵犯御免

【証券会社審査担当者のキモチ】

基本的に需給バランスで決まるというのは意外でした。まあ株価算定書の株価なんて、いくらでも作れるといえば作れるので、あまり参考にはならないというのはわかっていましたが。

しかし、設例で、既存ＶＣが追加増資に応じない場合でも、先に出資したときの株価を維持するために、株価を下げさせない圧力が生まれそうなのですが、そうならないのはなぜなんでしょうね？

有価証券届出書の第四部株式公開情報に、直近2年間の特別利害関係者などによる株式の移動状況や、直近2年間の増資、新株予約権の発行状況が記載されていて、譲渡価格や発行価格はわかるのですが、それを見る限りでは譲渡価格も発行価格も、それ以前の価格よりも下がっていることは分割でもしていない限りめったにありません（ごくごくわずかにあるのみです）。直前期の業績が下がっている会社でも、株価は上昇してたりしますから、これは上場を目前に控えて需給関係が高まっているというのが本当の理由なんでしょうかね。

領空侵犯御免

【弁護士のキモチ】

※リードインベスターの交代時の株価はもめやすいですよね。特にダウンラウンドの場合は、買い支えに入ってくることもありますし、何より種類株式を出してしまっていると、どんどん新しい種類株式を出すことも多いので、手続が複雑化して議事録が大変になります。

※リードインベスター：資金面の他に経営全般に発言権を持ちその企業を主導的に経営指導するVC。

5 〔VCのキモチ〕 株価はどのように決まるの？

投資先の上場はうれしいもの

――VC社内で――

社員A　今日、○○社の上場だね。おめでとう。

担当者　**ありがとう。**

社員A　初値、いくらくらいかな？

担当者　**初値は分からないけれど、いろいろあったのに上場できて良かった。**

ＶＣの担当者にとって投資を行った先が上場するというのは何よりもうれしいものです。

上場会社でも数年間成長し続けるということは少ないと思いますが、経営資源の少ない未上場会社であれば、投資した後、上場まで多くの課題が発生し、成長を妨げます。投資する際、事業計画通り会社が成長するかどうか審査していても、実際は販売が計画通り進まない、資金調達で苦労する、開発が遅れる、取引先が破たんして不良債権が発生した、など計画通りに進まないことはよくあることです。その都度、ＶＣ社内で担当者の審査は適切だったか、課題は解決できるのか、上場しなかったらどのように回収するのか説明を求められます。

そのような中、投資先がそれらの課題を一つひとつ克服、改善し、結果として上場を果たしたとなると、ＶＣ担当者にとっても投資の仕事をしていて良かったなと感じます。特に、投資先の成長に担当者がなんらかのサポートが出来ればなおさらです。

ＶＣにとって、投資先の上場は、投資株式が流動化する機会を得たということですが、担当者にとってはそれ以上に仕事の達成感や喜びのある瞬間なのです。

領空侵犯御免

【証券会社審査担当者のキモチ】

そのお気持ち、よくわかります。私は審査という立場ですが、やはり審査した会社が上場してくれるのは何より嬉しいものです。この仕事をやっていてよかった、と思える瞬間のひとつですね。多くの質問に一生懸命に回答してきてくれ、こちらが出した改善要求にも真摯に対応してくれた会社には、こんな言い方は失礼に当たるかもしれないのですが、自分の子どものように感じるものです。会社には、上場後もどんどん成長していって欲しいと心底思います。

【会計士のキモチ】

よく分かります。監査をする立場の人間としても、担当企業が無事上場してくれるのは嬉しいですね。なんというか、戦友のようなものですよね。
関与先が無事ＩＰＯしてくれる達成感。ＩＰＯ関係者は、皆その一瞬のために頑張っているといっても過言ではないですよね。

【弁護士のキモチ】

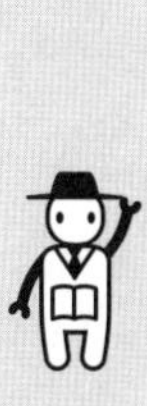

VCさんも証券会社さんも会計士さんも皆同じことを感じているのですね。デュー・ディリジェンスには多大な時間を要しますし、せっかくデュー・ディリジェンスを行っても上場を諦めてしまう会社も多数ありますから、弁護士としても本当に嬉しい話です。

審査室の眼光紙背

寄付金

寄付金というのは、上場審査において必ず内容を聞かれる項目のひとつです。その理由としては、暴力団など反社会的勢力への寄付金ではないか、政治資金規正法で禁じられている政治献金ではないか、という確認をするというものです。

まず寄付の相手先を確認します。相手先は税務申告書に添付される勘定科目明細を見ることになります。そして、その寄付の目的と効果、金額の妥当性、寄付金額決定までのプロセスとその規定（ルール）化、内部牽制体制の状況（無尽蔵に寄付金として流出していくことはないか）を審査していきます。

プライベートカンパニーであれば特別背任罪にでもならない限り問題にはなりませんが、パブリックカンパニーとなるとそういうわけにもいきません。いろいろうるさい制約が出てきます。

パブリックカンパニーにおいて会社財産は株主のもの、という考え方が大前提としてあります。その会社財産を、誰だかよくわからない人（団体）にタダであげられていれば、株主としては黙っていられません。寄付金をするからには、その寄付先の活動が当社のPRとなりうるようなもの、もしくは寄付によってその寄付先との円滑な取引関係が構築できる、というものでなければならず、その金額も妥当でなければ株主は納得しないでしょう。

ですが、この寄付金によって当社に跳ね返る恩恵や寄付金額の妥当性を証明するのは、並大抵のことではありません。寄付先の団体の活動内容、存在意義、どのような恩恵が当社にあるのか、なぜ当社でその活動をすることができないのか、寄付金額はどのように決めるのか、寄付の実施及び金額の決定に際し牽制（チェック）が働く体制になっているのか、寄付先の実際の資金使途を会社でチェックしてるのかなど、多くの論点があがってきます。

ただ金額がそれほど大きくなければ、もっぱら寄付先が反社会的勢力でないか、職務権限規程においてどのようにルール化されているか、などの観点から確認をされていくことになると思います。

6　弁護士のキモチ

デュー・ディリジェンスの資料

弁護士　それらを証する書面の写しをご提出ください。

会社　そんなに書類のコピー、コピーって。こちらの言うことが信用できないんですか!?

弁護士　おっしゃっている事を裏付ける資料をきちんと拝見させていただき、客観的にも正しいということを確認する必要があるのです。うっかり誤ってしまったり、ニュアンスが伝わらなかったりすることもありますから。

会社 でも、こんなに大量のコピー、すぐにはできません。

弁護士 では、今週の金曜日までにコピーをお送りいただければと思うのですが。

会社 それも無理です。先生、弊社で資料をご覧になってはいかがですか。

弁護士 今週は既に予定が詰まっておりまして。そもそも移動時間中も稼働が生じたり、結局は御社でコピーをとらせていただいたりすることになりますが、それでもよろしいのでしょうか。

会社

エッ、これ以上費用がかかるのですか？　勘弁してくださいよ～。とにかく、一番安くて一番こちらの負担もかからない方法でやりたいんです。

弁護士

……。

弁護士はデュー・ディリジェンスにおいて、大量の書類に目を通すことになります。しかも、弁護士の仕事はこの1件だけではなく、何十件、何百件もの仕事を同時並行的にこなしていますので、会社側の大変さを汲んで何とか協力しながらデュー・ディリジェンスを進めたいと思っても、物理的に難しいことが多々あります。また、弁護士が携わる仕事の性質上、客観的な資料に基づく確認が要求されます。

安く済ませたいのであれば、会社が弁護士に提出する資料を作成するだけでなく、インデックスを工夫するなど、弁護士が読みやすく理解しやすい形に整えるということになります。弁護士はタイムチャージで稼働することが多いので、「分かれ」ではなく「分かって」という形で資料を整える必要があります。他方、会社の負担を減らしたいということであれば、弁護士に会社へ来てもらって、資料を見てもらいながらコピーもさせるなど、弁護士をできる限り使うということになります。一番安くて会社の負担もかからない方法というのは存在しないと考え、腹を括ってデュー・ディリジェンスにご対応いただければと思います。

【会計士のキモチ】

専門家によるデュー・ディリジェンスには大きく分けて、

●弁護士による法務デュー・ディリジェンス
●会計士による財務デュー・ディリジェンス
●税理士による税務デュー・ディリジェンス

があります。それぞれの立場からターゲット企業を調査しており、VCがターゲット企業に出資するかどうか、M＆Aを考えている企業がターゲット企業をM＆Aしてよいかどうかなど、意思決定の資料として依頼者に対する調査の結果、特に会社の潜在的リスクを報告しています。

右記の〝士（サムライ）〟どもを見ていただいてお分かりの通り、時間単価が非常に高い資格が名を連ねていますが、逆にデュー・ディリジェンスを受けずに意思決定をするということが、最終的に「高い買い物」になってしまう危険性を考えると、少なくともこれらのデュー・ディリジェンスは受けておくべきです。タクシー運転手は東京〜横浜間を東京〜新橋の料金では乗客を乗せませんからね。

【ＶＣのキモチ】

これって現場の担当者との会話ですよね。ＶＣって上場準備会社の経営陣・幹部クラスと話をすることはあっても、契約書の作成やデューデリで現場の担当者と事務手続き以外で接触する機会はほとんどありません。経営者の言葉（上からの視点）だけではなく、現場の言葉（下からの視点）を聞くことができるのは外部関係者にとっては貴重な情報だと思います。ＶＣにはカリスマ社長のオーラを発している社長でも会社では裸の王様か？　と思うときがあります。

国立大学教授に付与した新株予約権は賄賂？

会社　税制適格に関するアドバイスをどうもありがとうございます。最終的には、税制適格の要件を満たさないとしても、お世話になった方に新株予約権を付与した方がよいという結論になり、先生方にも付与しました。

弁護士　**先生方？　どちらの先生方なのでしょうか。**

会社　某国立大学の教授の方々です。

弁護士

先ほど「お世話になった」とおっしゃっていましたが、具体的にどういうご趣旨で国立大学教授に新株予約権を付与なさったのですか。

会社

先生は、私達の事業に役立つよう、その研究の成果を提供してくださったり、研究成果を踏まえてアドバイスしてくださったりしたので、その謝礼として付与しました。

弁護士

……。

国立大学法人法第19条は、「国立大学法人の役員及び職員は、刑法その他の罰則の適用については、法令により公務に従事する職員とみなす。」と定めていますので、国立大学の教授はみなし公務員として、収賄罪（刑法第197条から第197条の4まで）を問われる可能性があります。

　収賄罪は様々な類型がありますが、あっせん収賄罪（刑法第197条の4）を除き、教授が「職務に関し」新株予約権の付与を受けたか否かが問題となり得ます。この点、「職務」には、法令に明記された職務はもちろんのこと、法令に明記されない職務であっても、解釈上これに当然に含まれ又は付随すると認められる行為や、職務と密接な関係にある行為も含まれると考えられています。この職務と密接な関係にある行為の例としては、事実上所管する行為、公務員の職務権限を背景とし、その影響力を利用して行われる行為などが挙げられています（以上につき、前田雅英　編集代表「条解刑法」弘文堂506頁から511頁まで）。そして、贈賄罪は、右記収賄罪に対応して成立することになります。したがって、国立大学の教授に新株予約権を付与したことのみをもって直ちに収賄罪が成立するわけではありませんが、新株予約権をどのような趣旨で付与したかによっては、収賄罪に該当してしまうものと考えます。このような問題が残る場合、経営陣が罪に問われる可能性がある以上、ＩＰＯは時効までお預けという本末転倒なことになりかねません。

　従って、国立大学の役職員に新株予約権を付与する場合には、「職務に関し」新株予約権を付与したわけではないということや根拠等を説明できるようにしておく必要があります。場合によっては主幹事証券会社から弁護士による意見書の取得を要請される可能性もありますので、慎重にご対応いただく方がよいと考えます。

【VCのキモチ】

VCや投資家は、まだ見ぬ未来の研究成果にお金を払うわけですから、未来がいかに確実で具体的であるかを証明するために、少しでもプラスな話を持ってくるのに必死です。そんなところにその研究分野の有名教授が研究の成果を提供したり、アドバイスをしたという話を聞いたら、収賄罪なんて言葉は消えてしまいます。拠り所のないベンチャー企業にとっては、有名教授が拠り所のひとつになるのです。投資家にとっては投資する際のプラス要素のひとつにしてしまう場合も考えられます。仮にこの様な話が出てきたら「弁護士や主幹事証券会社が対応しているから上場までに解消できる見込み」という結論になるでしょう。

お金は未来に払うのであり、業界大手出身、出身大学・出身大学院といった過去にお金を出すつもりはありませんが、何もないよりは何か肩書があったほうが良く見えるものです。

新株予約権が疑わしい付与だったり、グレーな取引があったとしても、時間は元に戻せないので何とかして解決するしかないですよね。いずれにしても、お互い止まってる時間はないので「なぜ起きたか」を反省して「どうやったら解決できるか」を関係各社で協力して前進していきたいですよね。

実質的には自己株式取得？

取締役　先日、弊社の株式を全て売却したいという株主がいたので、私が譲受人となり、筆頭株主が私になったんですよ。

弁護士　**では、それなりのシェアをお持ちの株主さんから譲り受けられたのですね。**

取締役　ええ。2番目に大きなシェアをお持ちの方でした。そのため、私の手持ちのお金だけではどうしても足りず、弊社に借金する形となってしまいました。

弁護士

あなたは、株主さんから直接頼まれて譲り受けられたのですか。

取締役

いいえ。株主さんから弊社に対し、株式を全て売却したいのだけど、弊社に変な迷惑が掛からないよう、譲受人は弊社にて決めて欲しい旨の打診があったのです。本当は弊社が譲り受けることができればよかったのですけれども、それだと自己株式の取得に該当し、取得できない可能性もありますし。
そこで、弊社の代わりに誰を譲受人とするのが最もよいか、取締役全員で話し合って決めました。

弁護士

……。

他人名義であっても、会社の計算において、すなわち会社に損益が帰属する場合において、会社の株式を取得する場合には、自己株式取得の規制を受けるものと解されています。

たとえば、会社が第三者に対して、自己の会社の株式の引受け又は取得のための経済援助として単に貸付や保証をなしただけでは、会社の計算においてするものとはいえないものの、貸付や保証の形式をとっても実質上利益配当又は売却損益が会社に帰属するときは、会社の計算においてするものと考えられます。また、増資のための工作買い、会社支配権維持のための防戦買いや、買占めの対策としての自己株式の取得の場合には、実際上他人名義（証券会社、関係諸団体、仮設人、当該会社役員等の名義）で会社の計算において行われるのが常です。ことに貸付金の形式で他人に資金を与えその者の名義をもって取得させることが少なくないものの、これらの行為もやはり自己株式取得の規制を受けるものと考えられます（上柳克郎、鴻常夫、竹内昭夫　編集代表「新版注釈会社法（3）」有斐閣　233、234頁参照）。

設例では、取締役の名義で株式を譲り受けているものの、会社の代わりに会社の意思に応じて譲り受けているに過ぎず、自己株式取得の潜脱になる可能性があると考えられます。なので、自己株式取得の規制を受けるものとして取り扱っておく方が安全であるものと考えます。

自己株式取得の潜脱の場合、取締役から後の譲受人に対し株式が確定的に移転しているのか不明となる上、取締役や監査役に5年以下の懲役又は500万円以下の罰金という刑事罰が課されたり

（旧商法第489条第2号）、これらが併科されたりする可能性もあります（会社法第963条第5項第1号）。公訴時効は5年を経過することによって完成するところ（刑事訴訟法第250条第5号）、この公訴時効完成まで上場申請が延期となってしまう可能性もありますので、譲受人に貸付などを行う場合には十分にご注意いただく必要があります。

なお、会社の取締役に対する金銭の貸付けは、関連当事者取引としてIPOにあたり開示の対象となると共に、原則としてIPO申請前に解消が求められます。また、会社の取締役に対する金銭の貸付けは、「取締役が自己又は第三者のために株式会社と取引をしようとするとき」に該当し、貸付けを受ける取締役は、取締役会において、当該取引について重要な事実を開示し、その承認を受けると共に（会社法第356条第1項第2号、第365条第1項）、取引後遅滞なく当該取引についての重要な事実を取締役会に報告しなければなりません（会社法第365条第2項）。

領空侵犯御免

【VCのキモチ】

VCは、ファンド期限に保有株を換金するため、しばしば役員に売却しています。会社にとっても財源規制があり自己株式として取得できないからと言って、VC保有株が他の会社へ譲渡されると困ることもあります。投資を受けたもののファンド期限内にIPO出来なかったため義務として買い取ることもあるでしょう。買い取りの際、会社が役員に資金を貸付ることもあります。それが法的に問題になる可能性があるとすると、VCにとっては悩ましい問題です。法律は自己株式として取得できない場合、どのようにすればいいと考えているのでしょうか。

【取引所のキモチ】

ちょっと厄介なのは、違法な自己株式取得に伴い、会社に損益が発生しているケースです。もっと厄介なのは、自己株式取得に伴う利益を配当しているケース。しかし、こんなケースは稀です。

ただ、違法な自己株式取得をしている会社、たまにあります。

審査担当者は、直感的に3つの観点から、疑問符をつけます。

ひとつは、コンプライアンス上の問題。自己株式取得に関して、取締役も監査役も、その他の従業員も、全く違法に気付かなかったということ。もし、証券会社が付いていたのなら、彼らも気づいていない。これでは、先が思いやられる。他にどんなに抜けている問題があるか、底なしに感じる。

もうひとつは、株主の中に、〝売りたい〟と思っている人が多いこと。これは、株主がもはや会社の株式を保有し続けることに、メリットを感じなくなっていることを暗に意味する。株主が会社の成長を見限ったことが原因でないことを祈るばかりだ。

最後に、会社の資金を貸し付けた人を株式の譲り受け人とするというスキームをどういう経緯で発案されたかということだ。脱法精神が旺盛だとも考えられる。また、「会社が取締役に貸し付けた資金を株式の購入資金に充当することの可否」については、ちょっとした本であれば記載されている事項であるから、プロ意識が足りない集団ともとれる。

まぁ、心証が悪くなることだけは間違いない!!

その契約、解除されそうですけれど……

弁護士　御社が締結している契約で重要なのは、どれでしょうか。

会社　うちは売上の90％をこの3社に頼っているので、この3つの契約が重要ですかね。

弁護士　なるほど。ちょっと拝見してよろしいですか。

会社　どうぞどうぞ、ご覧ください。

弁護士　有名な会社と取引をしていらっしゃるのですね。あれっ、この契約は相手方が自由に解除できることになっていますけれども。あっ、他の2つの契約もだ。

会社　解除権があるといっても、弊社との信頼関係もありますので、行使されることはまずないと考えていたのですが。

弁護士　……。

重要な契約はできる限り存続させる必要があります。まして、本件のように売上げの大半を占める取引に係る契約であればなおさらです。

ところが、このような重要な契約であるにもかかわらず、相手方によって自由に解除できる旨、定められている契約が数多く見られます。時に相手が大きな会社だと入っていることが多いものです。相手方からすれば微々たる金額かもしれません。また、信頼関係があるといっても、社長や担当者が変更になった等の場合にも失われることなく続くかどうか。これらの要素を無視して、解除権は行使されないと断言されても、根拠が不十分と言わざるを得ません。

相手方によって自由に解除されてしまうおそれはないかなど、通常の契約はもちろんのこと、重要な契約の場合には特にご留意いただければと思います。

領空侵犯御免

【証券会社審査担当者のキモチ】

設例のような、3社で売上の90%を占めるようだと、この3社との契約の概要を有価証券届出書の「経営上の重要な契約等」に記載して、投資家に開示することになるかと思います。さらに特定販売先へ依存しているということで、万が一これら特定取引先への売上が細ってきたときや、契約を打ち切られた時には業績へのインパクトが大きいと考えられるので、このリスクを「事業等のリスク」に記載することになるかと思います。

そもそも、リスク情報として記載すればそれでよい、という訳では全くなく、一方的に解除されるリスクをなくすために、このような契約は結び直さないと審査は通しません。一部上場の大企業が無名のベンチャー企業と契約を締結するときに、このような一方的に有利な契約を締結することがあるようです。もちろん、無名のベンチャー企業といっても、上場を目指すからにはそのような大企業とでも対等に取引できる関係を築いてもらわなければなりませんね。

定額残業手当だと、労務管理がラク？

弁護士 **労務管理はどのようにしていますか？**

会社 特に管理らしい管理は行っておりません。

弁護士 **それでは未払残業代が発生している可能性があるのではないですか。**

会社 未払残業代？　それはあり得ませんよ。

弁護士 どうしてそのように断言を？

会社 毎月一定の残業代を上乗せして支払っているからです。

弁護士 とはいえ、現実に発生した残業代が、所定の残業代を超える可能性もありますよね。

会社 超えるときもあるでしょうけれども、超えないときもありますので、トータルで考えれば、丁度よいバランスだと思います。

弁護士 ……。

時間外労働手当の定額払いを行っている企業もよく見られますが、現実に発生した時間外労働手当の方が多額である場合には、その差額を支払わなければなりません。また、賃金は毎月1回以上支払う必要がありますので（労働基準法第24条第2項）、現実に発生した時間外労働手当が少ない月の差額と多い月の差額とで相殺して時間外労働手当を消滅させるなどということもできません。したがって、時間外労働手当を年俸又は月給に含めている場合も、含めない場合と同様に、労働者の労働時間を管理し、毎月時間外労働手当の精算を行う必要があります。

なお、このような精算にあたって、そもそも労働者の労働時間を全く管理していなかったという例がまま見られます。タイムカードなどの客観的な資料があればよいのですが、これがない場合や、あっても現実の労働時間と合致しない時刻に打刻させられており、客観的な資料として意味をなさないような場合などには、パソコンのログデータなど合理性のある資料に基づいて労働時間を把握し、精算を行うことになります。なお、タイムカードなど根拠となるものがない場合でも、従業員のノートなどが参考にされることもありますので、会社としては労務管理を行っておいて損になることはないと考えます。そもそも労務管理をしないことを理由に、賠償請求の根拠を追加されては目もあてられません。

このような精算を過去の未払残業代についても行う場合には、退職者に対しても精算を行うことが要求され、かつ賃金は2年間で、退職手当は5年間で時効消滅することから（労働基準法第

115条）、賃金については過去2年分を、退職手当については過去5年分を、それぞれ精算するのが通常です。但し、時間外労働手当の不払いが不法行為に該当し、未払金相当額が損害賠償請求権であると認定された上で、賃金につき、2年の時効が経過した場合でも、不法行為の時効（3年）までは消滅しないとの裁判例がありますので（広島高等裁判所平成19年9月4日判決）、賃金は2年分を精算すれば足りると断言まではできないものと考えられます。また、遅延損害金の利率について、原則として商事法定利率である年6％の割合で計算されますが（商法第514条）、事業主が、退職者に係る賃金を退職日（退職の日後に支払期日が到来する賃金にあっては、当該支払期日）までに支払わない場合には、その日の翌日から年14・6％の割合で計算されることになります（賃金の支払の確保等に関する法律第6条第1項）。

このような労働債権は計算書類に反映されていないことから、簿外債務となっている可能性も高く、このことがＩＰＯを延期する原因にもなりかねません。

またＩＰＯ審査では、以下のような点が問題になることが多いので、参考にしてください。

・就業規則や給与規程などの各種規程は、労働基準法などの法令に照らして適法か。
・就業規則等の変更にあたり、たとえば、労働者に不利な変更における労働者の同意の取得等の手続が適法に行われているか。
・三六協定の締結、届出、変更、運用などが適法に行われているか。

・裁量労働制やフレックスタイム制度の導入やその後の運用が適法になされているか。
・各種手当などにつき、割増賃金の算定基礎賃金への算入が正確になされているか。
・労働時間や遅刻時間の端数処理について、切り捨てるべきでない時間を切り捨てていないか。
・「監督若しくは管理の地位にある者又は機密の事務を取り扱う者」（労働基準法第41条第2号）の範囲は適切か。

【証券会社審査担当者のキモチ】

確かに、毎月の給料の中に月40時間分の残業代が含まれています、という会社は多いですね。しかし通常の時間外労働何時間、深夜労働何時間、休日労働何時間、と細かく分けて区分している会社は見たことないですし、このような会社で労働時間を詳細に管理している会社も少ないです。

証券会社の審査では定額制はダメということは全くありませんが、各従業員の労働時間の管理をしっかり行い定額払いで不足する分は、差額を支払うというのは必須です。でもこう考えると、残業時間が所定の時間より少ない場合にその差額を支給しないこととするのはありませんが、所定の時間をオーバーしたらその差額は必ず上乗せして支払わなければならないため、定額制のメリットは企業にはないかもしれないと常々思っていました。なのになぜこのような方法をとる企業が多いかというと、裁量労働制と勘違いしているのではないか、ということがあげられるかと思います。裁量労働制なら、（労使協定を前提として）予め決められた時間を残業したものとみなす、ということになるので、予め月40時間と協定していれば、月60時間働いても残業代は40時間分ですみます。ただしこの制度を採用できる職種には限りがありますが。

もうひとつは、効率良く定時通りに仕事をこなしている人が、効率が悪くだらだらと仕事をしている人よりも残業代が少なくなるという不公平をなくすために採用しているということも言えるかと思います。

未払い残業代がある場合、証券会社や取引所の審査では通常2年間遡って精算していただくようにするのが通例ですね。3年間まで求めているケースは少ないかもしれません。

また、2008年9月に厚生労働省から出された通達「多店舗展開する小売業、飲食業などの店舗における管理監督者の範囲の適正化について」において、残業代を支給しなくてもよい管理監督者としての店長と、管理監督者としての権限を持たない、いわゆる「名ばかり店長」との区分基準が出されたため、多店舗展開している企業については店長に対する残業代の支払いの有無と管理監督者への該当の有無について慎重に審査するようにしています。

2010年4月から改正労働基準法が施行されましたが、月60時間を超える残業時間の場合、割増賃金率は50%以上となります（従来は25%以上）。従って、残業が多い会社ほど、人件費がかさみ、業績へのマイナス懸念が出てきますから、このことも今後の審査で聞かれる項目になってくるだろうと思われます（割増賃金の代わりに、代替休暇の取得も可能です）。

6 〔弁護士のキモチ〕 定額残業手当だと、労務管理がラク？

外資系のマネしてみました

会社

業績が厳しい上、株主が経費を削減しろとうるさいので、かなりの従業員に辞めてもらいました。

弁護士

辞めてもらったということは、うまく合意退職にもっていったということでしょうか。

会社

いえいえ。この不況の折、従業員は辞めたがりませんので、単に首を切っていったということです。

弁護士 解雇ということですか。

会社 ええ。だって、外資系もよくやっているでしょう。

弁護士 ……。

解雇の有効性は、「解雇は、客観的に合理的な理由を欠き、社会通念上相当であると認められない場合は、その権利を濫用したものとして、無効とする」と定める労働基準法第18条の2に基づき判断されます。この労働基準法第18条の2は、解雇事由がある場合においても、使用者は常に解雇し得るものではなく、当該具体的な事情のもとにおいて、解雇に処することが著しく不合理であり、社会通念上相当なものとして是認することができないときには、当該解雇の意思表示は解雇権の濫用として無効となるとして、判例上蓄積された解雇権濫用の法理を明文化したものです（最高裁判所昭和52年1月31日判決等）。

そして、解雇には、普通解雇、整理解雇及び懲戒解雇の3種類があるところ、設例のような解雇は、企業が経営上必要とされる人員削減のために行う整理解雇に該当するものと考えられます。整理解雇は、懲戒解雇や普通解雇と異なり、労働者の責に帰すべき事由による解雇ではないため、解雇の有効性は特に厳格に解されています。具体的には、裁判例の積み重ねにより、以下の4要件が原則として必要であると解釈されています。

①人員削減の必要性：企業が客観的に高度の経営危機にあり、解雇による人員削減が必要やむを得ないこと。

②解雇回避努力：解雇を回避するために具体的な措置を講ずる努力が十分になされたこと。

③人選の合理性：解雇の基準及びその適用（被解雇者の選定）が合理的であること。
④解雇手続の妥当性：人員整理の必要性と内容などについて労働者に対し誠実に説明を行い、かつ十分に協議して納得を得るよう努力を尽くしたこと。

設例のような場合、いずれの要件も満たすか怪しく、解雇無効と判断される可能性が高いものと予想されます。そのため、被解雇者が「解雇は無効であり、会社の従業員の地位を確認すると共に、賃金を請求する」などと争ってきた場合には、解雇しなかったときよりも、かえって経費がかさむ上、会社の評判も悪くなるなど、そのまま雇用していたときよりも大きいダメージが生じてしまう可能性があります。

外資系企業による解雇は、そういう風土だから……と、ある意味諦められているだけで、現実には解雇は無効であると思われ、争う余地はかなりあるものと想像されます。外資系企業が大丈夫だから自社も大丈夫だろうと、軽い気持ちで外資系企業のマネをしたばかりに、後でとんでもない代償を支払うことになったなどということがないよう、整理解雇などの際には、くれぐれも慎重にご対応ください。

【証券会社審査担当者のキモチ】

ＩＰＯの審査だと、必ず過去に解雇された人がいないかを確認します。もしいれば、解雇の理由を聞きます。会社が解雇権の濫用をしたのではないかという労務管理の問題のほか、被解雇者が不祥事をしでかしたためであれば従業員教育に問題はないか、再発防止策はとられているかといったことや、今は何もなくても、上場後、被解雇者による風評被害の恐れや不当解雇として会社が訴えられるリスクがないか、という観点からも審査をします。

仮に訴えられたら、費用もかさむしイメージ悪化にもなるというのでは、会社にも大きなダメージになりますし、そもそも従業員の家族も路頭に迷わせることにもなりかねないわけですから、これまで会社に貢献してきた人たちを解雇するというのはなんとか避けてもらいたいものです（かくいう私もサラリーマンですから！）。

話は変わるのですが、外資系企業だと、なぜ解雇されても問題にならないのでしょうか？

外資系ではいきなりクビと言われて、明日から来てはいけない、となるようです。入社する際に突然の解雇に対する同意書を予め提出させられてでもいるのでしょうか。そのような同意書があれば、ＯＫなんでしょうかね。外資系って、年俸制で労働時間の管理もなく、連日深夜まで働き残業代もないというイメージがあるのですが、日本の労働基準法は適用外なんでしょうかね？　外資系企業に労働基準監督署が検査に入ったというのもあまり聞きませんし。

【弁護士のキモチ】

外資系企業は日本の労働基準法の適用外？　まさか！　そんな治外法権は認められませんよ～。外資系企業は突然の解雇ＯＫ、深夜残業は当然、給料は残業代込みの固定給などといった固定観念を根付かせ、周囲も外資系企業とはそういうものだと思い込んでしまっているふしがあります。もちろん、日本の労働基準法をきちんと遵守している外資系企業もありますが、外資系企業に対する固定観念をうまく利用して反論を免れているだけの外資系企業もあったりします。時間は有限であり、大切な時間を仕事のために企業のために使っている以上、適正に運用、評価などをして欲しいと思います。

管理職って何？

会社　先生、裁判所から、労働審判っていう手続の書類が届いたんですが。

弁護士　おっと、訴えられたんですね。

会社　ええ、まぁ。うちの店長だった奴からなんですよ。

弁護士（申立書を読む。）残業代を払えって書いてますね。

会社 店長にも残業代を払うんですか？ うちは、他社とは違って、店舗数だって少ないのに。奴には幹部として良い金額払っていたんですよ！

弁護士 お気持ちは分かりますが、あまり楽観視できる状態ではないということだけは分かって下さい。

会社 そんな……。

マクドナルド事件（東京地方裁判所平成21年2月9日判決）に端を発して「名ばかり管理職」という用語は普及しました。裁判例上は、このマクドナルドの事件より前から、いくつも裁判所の判断が出ていました。労働基準法上、管理監督者については、時間外労働についての支払義務がありません。この管理監督者とは、行政通達上「経営と一体的な立場にある者の意であり、これに該当するかどうかは、名称にとらわれず、その職務と職責、勤務態様、その地位にふさわしい待遇がなされているか否か等、実態に照らして判断すべきである」とされており、要は色々なことを総合考慮して決めますよという程度に過ぎません。マクドナルド事件の判断でも「①職務内容、権限及び責任に照らし、労務管理を含め、企業全体の事業経営に関する重要事項にどのように関与しているか、②その勤務態様が労働時間等に対する規制になじまないものであるか否か、③給与（基本給、役付手当等）及び一時金において、管理監督者にふさわしい待遇がされているか否かなどの諸点から判断すべきであるといえる」というように総合考慮を行う際の要素について具体的に列挙されているのに留まります。

実際の裁判例でも、店長や料理長というようにある程度の権限を保有している者についても管理監督者であるとは認められないとしたものがあります（岡山地方裁判所平成19年3月27日判決、大阪地方裁判所昭和61年7月30日判決等）。

また、現在の労働審判の実務の中では、あまり会社側に有利な評価をしてもらえない場合も多くあります。

これに加えて、裁判例の中には、会社側が、従業員において時間外労働の支払請求を行うことができる適切な状態を作らなかったとして会社の不法行為を認め、過去3年分の時間外労働を認めたものがあります。労働基準法上、債権の時効は2年ですので、会社側には重い裁判例です（広島高等裁判所平成19年9月4日判決）。

【会計士のキモチ】

今、IPO審査の大きな論点のひとつは、「労務管理」だと言われています。設例のような、名ばかり管理職の問題もそうですし、「みなし残業」制度などを利用したが、労働基準法に照らし合わせると残業代の未払が生じるケースも往々にして生じています。

IPO企業は、過去5年分の決算を開示する義務がありますので、ぜひご覧になってください。特別損失に「過年度給与手当」などの項目が存在している会社、結構あります。会計上は、会社が支払わなくてはならない過去の残業代について、金額が合理的に算出できた時点で未払計上することが必要になります。この金額、従業員が多い企業ではバカにならないものでして、せっかく計上した利益が一発で吹っ飛ぶ可能性も充分にあります。そのため我々は、クライアントがIPOを目指しはじめた最初の段階で、労務問題は解決するよう指導しています。

逆に、未払残業代が明確に計算できない場合は、多額の偶発債務（債務が生じる可能性はあるが、時期・金額は不明確な事象）が存在することになります。この場合、損失を決算書には計上できませんが、将来的に発生する可能性があり、かつ発生時期や金額が不明確、という投資家にとって最悪の状態にならざるを得ません。そのため、未払労働債務が確定するまでは、おそらく審査はストップしてしまうでしょう。それだけのインパクトがあるのです。

インターネットで私募債？

会社　先生、うちも社債を発行したんですよ。

弁護士　**へぇ。私募債ですか。**

会社　そうなんですよ。お金を出してくれるっていう話になりまして。ほら、先生に聞いたら利子付けて払っちゃうと、相手方に貸金業の問題が生じるかもしれないから気を付けろっていわれたので、社債にしたんですよ。

弁護士　そうですか。で、どれぐらい集まりましたか？

会社　10人くらいだったんですけどね、もう少し集めたかったんで、インターネットで後1000万円集めています。

弁護士　……（絶句）。

社債は、株式会社が会社法上の規定に則って発行し、弁済を行うという債券です。利用目的は様々ですが、意外と知られていないところでは、貸金業法の適用を受けないという面もあります。問題は、この社債が有価証券であるということです。有価証券の募集については金融商品取引法などの適用があり、この法律の規制が複雑であることから設例を含め、様々な問題が生じやすいものです。

社債は、広く募集勧誘行為を行ってしまうと有価証券届出書などを提出しなければならない可能性があります（金融商品取引法第4条第1項等）。この有価証券届出書は、上場会社が提出する有価証券報告書のように作成が非常に大変なものです。しかも、一旦、有価証券届出書を提出すると有価証券報告書により継続開示義務が生じます（金融商品取引法第24条等）。そのため、社債を含め有価証券を発行する場合には、このような義務が生じないように注意をする必要があります。このような義務が生じないようなものを「私募債」といいます。

単刀直入に言いますと、インターネットでの社債の募集は、「私募」に該当しません。社債は株式などと同様にいわゆる1項有価証券に該当します。そのため、勧誘の結果、何人が募集に応じたかという「出来上がりベース」ではなく、何人勧誘したかという「声掛けベース」で人数がカウントされます。社債の場合では50人以上の方に声をかけてしまうと「私募債」とはならなくなってしまいます。インターネットを使用した場合、「有価証券の募集又は売出し（法第4条第3項に規定する有価証券の売出し、法第2条の2第5項に規定する特定組織再編成交付手続を除く）に関する文書（新株割当通知書及び株式申込証を含む）を頒布すること、株主等に対する増資説明会において口頭による説明をすること及び新聞、雑誌、立看板、テレビ、ラジオ、インターネット等により有価証券の募集又は売出しに係る広告をすることは「有価証券の募集又は売出し」行為に該当するので、同条第1項又は第2項の届出をした後でなければすることができないことに留意する」とされています（企業内容等の開示に関する留意事項について、企業内容等開示ガイドライン4－1）。

つまり、不特定多数に声をかけているのと同じであり、50人以上に声を掛けているものと取扱いますよとされています。

従って、集めている金額にもよりますが、有価証券届出書又は有価証券通知書を作成する必要があります（金融商品取引法第4条第1項及び第5項等）。この違反については、刑事罰もある上（金融商品取引法第200条、第205条等）、金融商品取引法という上場会社に必須の法律に違反した事実が残ってしまうため、上場審査において大きな障害になってしまう可能性が高いと考えます。会社法と金融商品取引法は隣接する法律ですが、見逃されがちですので、何卒ご留意ください。

領空侵犯御免

【証券取引所のキモチ】

ある程度、証券会社や弁護士のチェックを受ければ会社法はクリアできる。でも、意外に抜けてしまうのが金融商品取引法だ。この法律は、取引所の担当者でもわかっていない人が多い。それもそのはず。金融商品取引法は、読んでいてもさっぱり分からない。括弧の中に括弧があり、その中に、また括弧があったりする。こんなわかりにくい法律は、憲法違反ではないかと感じたこともあったが、一度理解できれば愛おしくも思えてくる。そして「今度改正するときには、これ以上巷の素人が理解して下手に出しゃばることがないように、もっと複雑にしてくれ！」と心の中で叫びたくもなる。

金融商品取引法で最も見逃されるのは、まず通知書の提出義務違反。でもこれは通常の場合、後出しで財務局に提出すれば何とかなる。とりあえず申請前に気づけばセーフでしょう。

問題なのは、有価証券届出書の提出義務があるのに出していない場合です。1億円以上の公募を実施していたり、資本金が5億円以上で株主が100名以上の会社は要注意です。必要な届出書を提出していない場合は、致命傷になりかねません。厳しい場合、5年間はIPOはムリ。

そして、新興市場の会社では少ないのですが、既に有価証券報告書の提出義務がある会社。

たとえば誤字・脱字があると、この会社は満足に資料を作れませんと公に宣言しているようなもの。

まずは、〝金融商品取引法〟があるということを認識してもらうことが肝要。何より怖いのは、法律の規定自体の存在を知らないことでしょう。

株主名簿はありますか？

会社　先生、最近、株式の譲渡を承認して欲しいって言われることが多いんですが、やっぱり株主名簿って必要ですよね。

弁護士　**そりゃ、法律上、作らないといけないですからね。**

会社　あーそーなんですか。今の株主の名簿だけ作れば良いんですよね？

弁護士 普通は、会社設立後から譲渡経緯が追えるように作りますよ。上場審査の時だって必要ですしね。

会社 えっ、途中分かんない人、何人かいるなぁ。

弁護士 ……(呆然)。

株主名簿の作成及び設置は会社法上義務となっています（会社法第１２１条及び第１２２条）。譲渡制限が付いている会社ですとあまり譲渡ということはありませんが、それでもたまにはあります。

確定申告の別表２などには、一応株主の記載欄がありますが、それでも期中の株式譲渡の事実を全て網羅されているわけではないため株主名簿の代替品としては使えません。

上場会社になろうという会社で、現在、株主であるという人間の株式が本当にその人が保有しているかは会社にしか分かりません。上場審査では、最初に株主構成と株主の来歴は聞きますので、ここで躓くと本当に先が思いやられます。

領空侵犯御免

【VCのキモチ】

上場企業に相応しい業績になり、さあ上場準備という段階になって問題になりやすいのが、株主名簿です。社外の個人株主が多い会社の場合、株主の住所が分からなかったり、株主として記載されているが亡くなっていたりということがあります。上場審査では、株主を特定する必要があり、現在の株主を調査する間、上場が延期ということにもなりかねません。

そのため上場を計画しており、従業員に株式を割り当てるのであれば、個別に割り当てるのではなく従業員持ち株会を設立して割り当てたり、社外の個人に割り当てるに際しても、よく考えて割り当てる必要があるでしょう。

従業員持株会って難しい？

会社

うちは従業員あっての会社なので、従業員にも上場の恩恵を分けてあげたいんです。

弁護士

じゃあ、新株予約権でも出しますか？

会社

上場後もメリットを受けて欲しいので、従業員持株会みたいなのって出来ないんでしょうか？

弁護士 できますけど、慎重に作らないといけませんね。

会社 証券会社の人は、簡単と言っていましたけど。

弁護士 できないことはないと思いますが、法律上の問題もありますので、慎重にやりましょう。

会社 (釈然としない様子で)はぁ……。

金融商品取引法においては、全ての組合持分が「原則として」有価証券に該当するとされています。そのため、金融商品取引法の適用を受ける可能性がありますが、このことを知らない方も多いのではないでしょうか。この点従業員持株会については「例外的に」有価証券に該当せず、金融商品取引法の対象とならない場合が用意されています。注意が必要なのは、全ての従業員持株会が例外に該当するわけではないということです。具体的には、1回の拠出金が100万円未満であって、かつ、一定の計画に従い、個別の投資判断に基づかず、継続的に行うことが必要になります（金融商品取引法施行令第1条の3の3第5号）。

また、構成員も、会社、子会社及び孫会社の従業員などであれば良いというわけではなく、議決権の比率で50％超を保有する関係にある会社である必要があります（金融商品取引法第二条に規定する定義に関する内閣府令第6条第3項）。

未上場会社では、株式が流通していないため、「一定の計画に従い、個別の投資判断に基づかず、継続的に」株式を取得することが難しい場合があります。この点、ファイナンスの度に購入の意思表示をするということで、この要件を満たすと解釈することも可能であると考えますが、明確なガイドラインなどは現時点ではありません。

そのため、従業員持株会を設立する場合には、金融庁などへの確認を行うなど慎重に進める必要があると考えられます。

領空侵犯御免

【証券会社のキモチ】

従業員持株会は安定株主の確保上、資本政策の中でよく取り上げられます。証券会社から「従持会設立は簡単ですよ」とよく申し上げますが、末尾には「詳しくは弁護士に相談してね」と説明します。なぜならルールが結構複雑なことと、証券会社が前面に出るとあたかもこの会社の上場が間違いないと従業員に捉えられることがあるからです。

毎期増収増益でＩＰＯを考えている会社なら、上場後従業員にインセンティブを与えることができるので、従業員も喜んで賛同して運営が始まります。ただし気をつけたいのは外的要因により業績が悪化する場合もあり、もし上場できなければ従業員は換金が難しい未上場株式を保有することになります。また従業員の脱退や大量リストラなどの時に持株会のキャッシュが目減りし、結局は持株会解散に陥るところもあります。ご注意ください。

7　日はまた昇る

新興市場IPOはどう使うべきか？

会社　上場の目的は、社員のモチベーションアップ、会社の信用度・ブランドイメージの向上です。資金調達もでき、これからはさらなる会社の成長を目指します。

取引所審査担当者　**代表者一族が筆頭株主ですが、結構な株数を売り出す予定ですね。それは？**

会社　(汗) 株主と経営の分離で、ガバナンス上も重要と考えまして……。

ＩＰＯは一般的に「知名度があがる」「信用度が増す」などと言われているが、やはり成長戦略を一気に達成するための「資金調達」が一番の目的ではなかろうか？　日本を代表する技術、知財をフォーワーダーとして競争力をつけるために成長・発展させるための必要資金の調達手段としてＩＰＯがあるのでは、と思う。オーナーが資金を得るだけのためのＩＰＯに何の意味があるのか？知名度を上げたければ、別の手段もあるはずでＩＰＯはそれほど必要ではない。

では、どうやって日本を代表する企業に育つのか？　やはりカネである。未上場企業のエクイティファイナンスが潤滑に行える環境作りが必要であり、そのためにはそれを担う証券会社、ＶＣなどのスタッフが「目利き」能力を高めることが課題であろう。資金面だけではなく、経営面からも当該事業のトータルアドバイザーとなりうる担当者が増えれば、金融環境はさらに流動性を高めることができることと思われ、さらには一般投資家が積極的に関心を持つような市場づくりを可能にすることができるのではと思う。

領空侵犯御免

【IPOコンサルタントのキモチ】

私が最近言っているのは、お金よりも人材ですね。

最近の企業は、設備よりも人材。たった一人の画期的なアイディアが、一万人の雇用を生み出すことも珍しくありません。その将来有望な、優秀な人材を確保していくためには、やはり「上場企業」というステータスは大きな武器になるのだと思います。

取引先でも、上場したとたん、新卒採用への応募が昨年の10倍にふくれあがったという話も聞いたことがあります。中途採用においても「今まではこんな人は応募してくれたことがない」というハイスペック人材の獲得ができたという話は、かなりあります。

いずれにせよ、人材・ブランドイメージといった、貸借対照表に載らない、無形の資産については、かなり有効なんだと思いますよ。まあ、「上場企業に就職しなさい」と親に言われたので、なんていう志望動機の人材は、私個人としては、ご免こうむりたいですがね……。

7 〔日はまた昇る〕 新興市場ＩＰＯはどう使うべきか？

種類株による上場

会社

上場によるメリットは多いっていうのはわかったけど、上場すると誰が株主になるかわからないでしょう？ ○○ファンドとか、欧米の××ファンドとかが大株主になって、やれ高配当を出せとか、役員を入れろとか、敵対的ＴＯＢをかけるぞとか、そんな事態になったら大変だよ。

証券会社

確かにそうですね。でも、何も手がないわけではないですよ。

会社　買収防衛策の導入でしょう？　でも買収防衛策の導入には市場は批判的だって聞いてるし、それにいくら買収防衛策を導入しても絶対ということはないでしょ？
　費用もかなりかかりそうだし。そもそも、うちの会社にＴＯＢをかけるなんていう会社が出てくるだけで恐ろしいよ。

証券会社　**東京証券取引所では近年規則改正があって、種類株式の上場も認められるようになったのをご存知ありませんか？**

会社　種類株式……？

非常に優れた技術力を持ち、しっかり利益を出している会社でありながら、設例のように招かれざる大株主の出現を懸念して、上場に踏み切れない会社というのは少なからずあるのではないでしょうか。買収防衛策などの対策を事前に導入したとしても、会社から独立性の高い第三者委員会を立ち上げたりして経営陣の保身のための買収防衛ではないことを証明しなければなりませんし、買収者から訴えられれば裁判所の判断も仰がなければなりません。そもそも市場は買収防衛策に関しては経営陣の保身のためではないかという見方をするので、ネガティブに評価される傾向があります。

そうは言っても、その他の点では何ら問題はないのに、敵対的買収者や招かれざる株主の出現だけを恐れて上場に二の足を踏んでいる優良企業にも上場の道を与え、そういった会社に投資するかどうかは投資家の個別判断に任せるべき、という声があるのも事実でした。そこで種類株式の上場を認める旨の規則改正が東京証券取引所において行なわれ（平成20年7月）、議決権のない（もしくは少ない）会社の株式を上場させることができるようになりました。ＩＰＯの場合は、以下の２パターンになります。

◎上場申請会社が「無議決権株式」と「普通株式」を発行している場合

・無議決権株式のみの上場

・無議決権株式及び普通株式の両方の上場

◎上場申請会社が「議決権の多い株式」と「議決権の少ない株式」を発行している場合

・議決権の少ない株式のみの上場

これらの要件に加え、取引所の掲げる6つの項目全てを満たす場合に、「株主の権利を尊重したもの」として種類株式が認められ、上場することができます。

しかしながら現時点（平成22年10月15日現在）において、未だに種類株によるＩＰＯは行われておりません。その理由としては、取引所や証券会社によるプロモーション不足、そこまでして上場しなくてもよいと考える会社、全体的な市況環境の悪化など、その理由は定かではありませんが、種類株式発行会社におけるコーポレートガバナンスについて留意した結果、引受証券会社や取引所が慎重になっていることも考えられます。というのも、普通株主のみ発行している会社であれば、株主総会における株主による議決権の行使という形で、経営陣に対する牽制機能が働き、自浄作用が期待できますが、無議決権株式のみを上場させている会社なら、不特定多数の株主には議決権がありませんので株主によるチェックが働かない可能性があるからです。

会社にとっては魅力ある種類株式ですが、これが普及するには会社自身がコーポレートガバナンスに対する意識をしっかり持ち、投資家にとっても魅力ある種類株とすることが重要であると考えています。

【ＩＰＯコンサルタントのキモチ】

経営権保持という観点からいうと、グーグルが有名ですよね。創業者が黄金株（重要な意思決定に単独で拒否したり、同意したりすることができる権利を有する株式）を持つというアレです。

正直なところ、無議決権株式を上場したからといって、投資家のメリットが今イチピンときません。議決権がないということは、経営陣を代える権利がないわけですから、現経営陣に相当の信頼がない限り難しいのではないでしょうか？　日本ではコーポレートガバナンスの意識が希薄ですから、そのあたりにも対処すべき課題が多く存在していると思います。

ただ、新興市場において「多様性を確保する」ということは絶対命題であり、それは市場のあり方、ＩＰＯの方法論においても共通するテーマだと思います。そういった意味では「希望する会社があれば何時でも受け入れる」、その姿勢は大事ですね。我々凡人が思いつかない画期的な手法を思いつく天才は、何時現れるか分かりませんから。「日本発」のファイナンス手法、開発していきたいですね。

7 〔日はまた昇る〕 種類株による上場

大地と投資

農家

うちは農家なんですが、お金に困っていて。なんか良いお金の調達方法ありませんか？

弁護士

農地法が変わって、農業生産法人の形態の一つに株式会社が認められましたよね。

農家

農業生産法人に出資してもらっても配当なんて満足に出せないしなぁ。

弁護士
匿名組合形式で集めて、金銭又は農作物で配当するという形とかはどうでしょうか。

農家
そんなことできるんですか?

弁護士
簡単ではないですが、理論的には可能だと思います。本当にできるかどうか、一緒に頑張ってみましょう!

第一次産業と投資というのは、今後、面白い仕組みになると考えています。設例では、農業と投資の関係を挙げています。農業生産法人の形態のひとつとして株式会社が認められたことはその第一歩です。これに加えエンジェル税制を農業生産法人に対する投資に組み込むことも考えられます。

組合の組成には、第二種金融商品取引業の登録が必要ですが、第二種金融商品取引業者の業務内容には、発行者と投資家を仲介するという業務があるところ、発行者が全く勧誘行為をしないのであれば、第二種金融商品取引業者のみが勧誘行為をするということを条件として、発行者には第二種金融商品取引業の登録が不要であると解釈することができます。この方法を利用して、生産者と投資家を直接繋ぐ仕組みが考えられ、この点に関連しては、先物取引法その他の法律の問題もありますので、他の法律規制に抵触しないように慎重な構成を行う必要があると思われます。

現時点では、当該生産法人である株式会社は株式の譲渡制限が付けられている必要があるため、農業生産法人の上場には課題の多いことは事実です。また現在は、組合持分や匿名組合の契約上の地位などの市場はありません。しかし、いずれにせよ市場取引に全く向かないというものでもないと考えられます。

現状では夢物語ですが、資金調達と資金ニーズを直接結びつける仕組みとそれを支える制度を作りだすことは、日本の取引所ひいては日本の産業活性化に繋がるのではないかと思っています。

領空侵犯御免

【VCのキモチ】

過去、いろいろな業種の案件を見てきましたが、農業に絡む投資案件は非常に少ないです。「(株)雪国まいたけ」という成功事例がありますが、なかなか後が続かないですね。

歴史のある業界でさまざまな規制もあることから、農業を事業とする株式会社は、非常に少ないのかもしれませんが、農業の必要性は誰もが認めるところであり、是非上場規模にまで成長するようなプランを持つ農業ベンチャーに登場して欲しいものです。

【IPOコンサルタントのキモチ】

農業、すごく惹かれますね。日本の過疎化や食糧自給率問題、雇用問題を解決できる可能性がありますし。
ただ、これまでの例を見ると、上場企業が子会社を通じて農業に参入しても、大抵失敗しているようです。色々な理由があると思いますが、
①収穫量が天候に左右され、最悪、収穫物がゼロになるリスクがあるため、事業計画を立てにくい
②農業を行うための土地改良などは、数年単位で行うことが多く、四半期毎に業績を求められる上場企業の短期的視点とは合致しにくい
③そもそも、農村の文化と経済の文化が融合しにくい
④農地法の関係や土地の取得が困難
などが挙げられるのでしょう。

また、過去にはヘッジファンドが原油や大豆などの先物相場に過大な資金を投入したため、

相場が乱高下して、貧困地域の食糧問題に発展したこともありました。ここは賛否両論分かれるのですが、人々の生活に直結するインフラ的な部分は、過度に市場原理にさらさない方がよい、という考え方もできます。

とはいえ、産業を成長させるにはお金が必要、お金を調達するには資本市場が非常に有効ですので、生産者・消費者・市場関係者の皆がそれなりにハッピーな方策を考えていかなければならないですね。

column

日本も、まだまだ捨てたものじゃない

上場準備は教科書通りであれば2~3年、そして費用もかかるため、IPOは中小企業にとっては無縁と考えられているのではないでしょうか?

IPOといえば急成長が見込まれるトレンディーな会社が注目されがちですが、信念の元、コツコツとビジネスを成長させている会社の中には、「うちの会社も上場してみたいな」と考える経営者もいます。

ある地方の老舗メーカーのお話です。

毎年安定的に自社製品を販売している会社で、様々な購入先のニーズに応えるべく、技術力についてもどんどん高めていましたが、役職員の安定的な生活を重視し派手な過剰の設備投資などは行わずに、まじめにコツコツと事業を続けていました。直近では国内外から好条件の資本提携オファーもあったようですが、「なぜうちのような会社が?」「乗っ取られたら大変だ」と、全てお断りしていたようです。

ある時、大手メーカーよりその老舗メーカーの存在を聞きその役員にお会いしました。なぜ業界から注目を浴びているのか、貴社のポテンシャルはどこか、問題点はどこか、などディスカッションしたところ、その役員より「社長に一度会ってください。社長はこの会社を誰かに引継ぎたいと考えておりますが、全く知らないところに売却する気はないので、上場を機に、ということであればお話を聞いてもらえると思います」と。翌週に社長面談をし、事業承継のためのＩＰＯについてご説明、ご提案をしたところ「こんな古い会社でも上場できるのか。私には無縁の話だと思っていたが、おたくの説明によると準備次第では上場できるかもしれないと感じました。社内で十分議論して報告いたします。」と。

この会社の製造技術は、大手では全く対応できない「匠の技」で、その技術について需要拡大が見込まれていました。ＩＰＯすることにより会社の知名度・信用度を上げ、従業員の自信に結び付くのなら、と社長もその気になり、今は社内体制整備など、ＩＰＯ準備の手続きを進めています。

ＩＰＯの目的は様々ですが、今回のようなメーカーはトコトン応援したくなります。日本の匠が世界進出するお手伝いができることを誇りに思いながら、早期ＩＰＯを夢見ています。

日本はまだまだ捨てたものではないですよ。

エピローグ

証券取引所、証券会社、VC、弁護士、会計士、それぞれの職域でIPO指導をしているなかで、対象会社が「オイタ」をしたときには皆それぞれ切なくなったり、腹立たしくなったり、酒の量が増えたり、そんな辛い思いをたくさんします。

でも、「じゃあ、何でそんな辛い仕事続けるの?」と思われるでしょうが、実はサポートしてきた会社が新聞の株価欄に登場して以降、会社が〝上場企業〟になる姿をみると恨み辛みは一気に吹き飛ぶのです。

ある小売業の会社の話ですが、ここの会社のお店は実はプライベートでも家族でよくお買い物をするお店で(勿論お店にお買い物に行くときは、私がIPO業務の関係者であることはお店の従業員は誰も知りません)、上場後にも何気なくお店に入ったときに、たまたま店内のバックヤード付近から従業員の打ち合わせが聞こえてきて、「私たちは上場企業になったのだから、ここの会社で働いていることをたとえ勤務時間外であっても誇りにして、決して『上場企業のくせに』とか後ろ指を指されることがないよう、お客様に対してより一層のサービスを心掛けて頑張っていきましょう」と聞こえてきました。

涙が出てきました。嬉し涙です。それぞれの業種のプレイヤーがサポートした内容は、準備の当時はそりゃ大変でしたが、自分たちが頑張ってきた成果が会社の方々の意識をこれだけ変えるんだ、と思ったその瞬間苦労なんて過去の笑い話に過ぎません。

また、上場後にこの会社の本社に行っても、やはり本社の方々も明らかに顔色が違います。上場の意義は何はともあれファイナンスですが、そのために色々なアゲインストの風を掻い潜って、上場審査を通過したわけですから、我々外部も勿論大変でしたが、会社の方々も勿論頑張ってきたわけで、達成感が満ち溢れており、同時にお店と同様に皆さんがそれぞれ「上場企業の顔」として、行動においても自覚を持つようになっていきます。

たとえば皆さんがそうというわけではありませんが、

◎道を歩く途中でツバを吐き捨てるのがクセでしたが、上場をキッカケにしないようにようになりました。

◎スピード違反で捕まると違反切符に会社名を書かなければいけないので、交通ルールを守るようになりました。

などなど、内容は些細なことですが、会社の方々が目に見えて姿勢がしゃんとしてくるのです。

勿論、IPO達成によってプレイヤーそれぞれの収入につながるということもありますが、それはほんのワン・オブ・ゼム。仕事って何でもそうかもしれませんが、依頼者のためになる、依頼者から感謝される、依頼者が成長する、という仕事は楽しいです。

学校や塾の先生が、自分の教え子がいい大学に入った、素晴らしい職業に就いた、賞をもらった、ということになれば、我がことのように喜ぶことと思います。そのときにはきっと「教師になって良かったー!」と腹の底から叫ぶのでしょう。

上場を希望する会社を教え子にたとえるならば、上場するということは一流大学に入ったということと同じことなのかもしれません。だから私たちも関与する会社が上場した暁には「この仕事をやってて良かったー!」と心の中で叫んでいます。

過去、デキの悪い子だったら、なおさらなのです。

だからＩＰＯはヤメられない。

著者紹介

杉山　央（弁護士）

札幌市生まれ（80年）。札幌西高校卒業（98年）、北海道大学法学部卒業（02年）、北海道大学大学院法学政治学コース（企業法務コース）短期終了（03年）。司法研修所修了後、東京の法律事務所に入所。同事務所では、ベンチャー企業の設立からIPO及び上場維持に関する法的支援、VC投資、M&A・IPOの法務DDを中心に業務を行う。現在、赤れんが法律事務所代表（下川原慎吾弁護士との共同代表）。会社法及び金融商品取引法の改正に関するセミナーを担当、金融商品取引法については日本ベンチャーキャピタル協会の会員向けセミナーの講師を担当。日本ベンチャーキャピタル協会賛助会員、私法学会及び金融法学会会員。

茂田井純一（公認会計士）

千葉県生まれ（74年）。一橋大学商学部（96年）を卒業後、大手監査法人に入所。上場企業の法定監査を経験した後、IPO支援部門へ移籍、以来数多くのIPO達成企業・断念企業に携わる。その後中堅税理士法人を経て、株式会社アカウンティング・アシスト代表取締役に就任。最前線でIPOを指向するベンチャー企業・中堅企業の支援を行っている。

澤井　泰良（キャピタリスト）

東京都生まれ（69年）。明治大学政治経済学部卒業（92年）。大学卒業後、VC（ベンチャーキャピタル）に就職。現在まで、VCにて資本政策立案・審査・投資・投資先支援・回収などの業務を行う。

青嶋　康雄（ＩＰＯコンサルタント）

高松市生まれ（65年）。都内の大学を卒業後、証券取引所に勤務。清算事務、売買監理業務を経て、上場審査を長年、担当。その後、コンサルティング会社勤務を経て、独立。現在は、IPOに関するコンサルティングを中心に、M&Aや事業継承を含めた幅広い経営支援に携わる。IPOに関するセミナーも実施している。

〈チームＩＰＯ〉

IPO勉強会に集い、日々情報交換をする仲間達。証券取引所、証券会社、VC（ベンチャーキャピタル）、弁護士、会計士、税理士、若手起業家など所属する業界は違えど、IPO関連業界で第一人者として活躍する面々、まさに多士済々。今回は都合により匿名となっているが、いずれ劣らぬプロフェッショナルである。

【株式後悔　後悔せずに株式公開する方法】

初刷 ―― 二〇一〇年十月二十八日

著者 ―― 杉山央
茂田井純一
澤井泰良
青嶋康雄
〈チームIPO〉

発行者 ―― 斉藤隆幸

発行所 ―― エイチエス株式会社　HS Co., LTD.
064-0822
札幌市中央区北2条西20丁目1-12佐々木ビル
phone : 011.792.7130　fax : 011.613.3700
e-mail : info@hs-prj.jp　URL : www.hs-prj.jp

発売元 ―― 株式会社無双舎
151-0051
東京都渋谷区千駄ヶ谷2-1-9 Barbizon71
phone : 03.6438.1856　fax : 03.6438.1859
http://www.musosha.co.jp/

印刷・製本 ―― 株式会社総北海

ISBN978-4-86408-450-5